青春文庫

すべては感情が解決する！

振り回されない、巻き込まれない、心の整理法

リズ山崎

青春出版社

はじめに……感情は、自分の思い通りにコントロールできるのです

感情には波があり、ついイライラしたり落ち込んだり、あるいは人の感情に巻き込まれたりしてしまうものです。

「いつもプラスの気持ちで行動し、よいことをどんどん引き寄せて生きていきたい」

そう願ってもマイナス感情に負けてしまって、人間関係や状況が悪循環の一途を辿ってしまう、というとき、なす術はないのでしょうか。

本書は、そうした感情にまつわる心理的なメカニズムを理解したうえで、自分自身の自然な感情を受け容れられるようになり、さらに自分の感情パターンやその時々の感情への対処法を身につけ、願いを叶えていくための一冊です。

みずからの感情への気づきを高め、コントロールできるようになると、人生のあらゆる面ですべてがうまくいくようになります。

本書であなたの人生の扉が大きく開かれることを期待してください！

目次

はじめに　3

序章　なぜ、感情的になってしまうのか？　11
――「感情免疫力」の秘密

他人の感情に振り回されていませんか？　12
心の力を左右する「感情免疫力」　19
感情免疫力をチェックしてみましょう　21
マイナス感情に飲み込まれない自分へ！　24
感情免疫力を高めることは、人生の舵を手に入れること　26
本章に入る前に　29

1章　イライラやクヨクヨの悪循環パターンを断つ　31
――不安や焦りがなくなる「意識」の使い方

深呼吸で「意識」という道具を使いこなせる　32

もう「引きずる」のはやめてしまいましょう　34
「しか」ではなく「も」で考えると、ラクになる　36
自分の心の動きを感じとる「意識の矢印」とは？　38
「不快感情」には、ただ共感してみます　40
「落ち込み」「ひがみ」も自然なこと。そのままでいい　42
「イライラ」「ムシャクシャ」の悪循環ルート　44
マイナス感情に愛を届ける言葉　46
嫌いだった自分に「ごめんね」と伝えてください　48
心の土台を築く「言葉がけセラピー」　50
いつでも、どんなときでも、だいじょうぶ　52
ポジティブもネガティブも全肯定主義で！　54

2章
感情コントロールで、他人にもう振り回されない
――誰よりも自分の気持ちを優先する練習　57

無理やガマンにさよならしましょう　58

「他人より自分」と考えるくらいで、ちょうどいい　60
そろそろ「いい人」をやめてみませんか？　62
完璧主義さんをラクにする「手を抜いた自分を評価する魔法のレッスン」　64
感情を解放する「リリーシング」　66
愚痴っぽいときは「された」「言われた」という思考を要チェック　68
傷つくのも腹が立つのも、欲求不満の結果です　70
ストレスや苦痛を解放するセルフ・セラピー　72
「休む」「断る」「距離を置く」で、自分の自由を守る　74
受・想・行・識というステップ　76
「よい想」には「うれしい結果をもたらす行」がついてくる　78
どんどん幸せが広がる「気持ちいい」言葉ぐせ　80
いっぱいいっぱいなときのオススメ「思考整理の書き出し法」　82
「どうなりたくないか」ではなく、「どうなりたいか」で、ストレスゼロを目指す　84
事例①　いじめられやすい「言えない人」　86

3章

もっとラクに、もっと自由になれるコツ
——あの人が不機嫌なのは、あなたのせいじゃない

もっとラクに、もっと自由になれるコツ　89
自分の欲求に遠慮しないこと　90
「どっちでもいい、はもう言わない」をルールにする　92
傷つく心、嫌だという心にフタをしてはいけません　94
怒りや憤りには上手な伝え方がある　96
落ち込むことがなくなる「お手紙ワーク」　98
「楽しむための小さな冒険」をたくさんしよう　100
「機嫌の悪い人」は、あなたのせいじゃありません　102
気持ちも人生も、自分で選んで、決める　104
相手の不機嫌に対応する、保留の術　106
ふだん会話で鍛えられる、感情免疫力　108
会話が苦手な人がチェックすべき5つのこと　110
緊張する自分を少しだけラクにするコツがあります　112

他人の気持ちばかり考えてしまう人の、心の強化訓練　114
もう、他人の顔色に左右されません　116
事例② ほんものの「平常心」を手に入れる　118

4章 心を整える、暮らしの習慣 ——クリアな生活空間は、人を変える　121

よいエネルギーの通る部屋をつくりましょう　122
今まで放置していたモノと向き合ってみます　124
やり残し感をなくす、時間の締めくくり術　126
お金にアンバランスがありませんか？　128
豊かさを導く、お金と仲良くなる方法　130
お金に関する抵抗感、不安感を要チェック　132
マイナス定義をプラス定義に書き換えていきます　134
月に一度のひとりリフレッシュ時間の効果　136
事例③ 幸せなはずなのに、なぜかイラつく　138

キャンドルライトのバスタイム瞑想術 140
悪い夢は、心の浄化。恐れなくて大丈夫 142

5章

これからは「ストレスゼロ」で生きる

——振り回されない、巻き込まれない自分へ

145
「したいから」「うれしいから」を基準に行動しましょう 146
心のブレーキをはずすと、疲れなくなります 148
「押してもダメなら引いてみる」真逆のルール 150
信じてきたものから方向転換すべきときがあります 152
「ゆるすこと」は「ゆるされること」 154
いつもより、三倍ゆっくりていねいに 156
自分のサポート役になる習慣で、安心を得られます 158
努力もがんばりも、自分への最高のプレゼント 160
何より心地よくいるために、時八分目を意識する 162
ハッピーな言葉が、みるみるハッピーな現実を創り出す 164

どんな「今」でも「今」がパーフェクトな環境です！　166
論駁法でさらにパワーアップした自分に出会う　168
気になる相手のことを直そうとは思わないこと　170
気分中心から目的中心へ方向転換しましょう　172

終章　感情免疫力が高まると、すべては解決する！　175

残念無念がひとつもない人生は幸せですか？　176
「気にすることない」と思っても、気になるときは…　177
「情けない」それも自然と抱きしめて　178
マイナス思考からプラス思考へ方向転換　180
羨ましい！　を認めてハッピーを引き寄せよう　181
心に正直に、もっと堂々としていよう　182
幸せに心を開くということ　184
人格すら高める感情免疫力　185
おわりに　188

カバーイラスト　奥まほみ
本文イラスト　せのおりか
本文デザイン＆ＤＴＰ　ハッシィ

序章

なぜ、感情的になってしまうのか？

――「感情免疫力」の秘密

他人の感情に振り回されていませんか？

◆すぐカッとなる人

ＯＬ：「先日お願いした資料の件、どうなりましたか？」
上司：「なんでも人に頼るんじゃない！　こっちは忙しいんだ！」

彼女：「このあいだ話してた映画、週末行けそう？」
彼氏：「俺は毎日残業なんだ。見ててわからないのか！　先週だって買い物つきあってやっただろ！」

ごく普通に、何か聞いただけなのに、急に怒り出したり、怒鳴ったりする人っていませんか？

親子の会話などでも、子どもはただ疲れたとか、お腹がすいたと言っているだけなのに、母親のほうはすでに怒って「そんなこと言うなら今度から連れてこないからね！」などと答えているのを目にすることもありますよね。

どれもありがちな会話のようではありますが、どこか変ではありませんか。

これらの例、いずれも、話しかけた側は、ただ尋ねた、ただ自分がどんな状態か言葉を発しただけなのに、つまり「そんなつもり」はまったくないのに、相手はなぜか勝手に怒り出していることがわかります。

こんなふうに、いつ怒り出すかわからない人を相手にするのは、どこに地雷が埋められているかわからない感じで、ビクビクしながらつきあわなければなりませんよね。

◆すぐ人のせいにする人

楽しいお出かけ、渋滞にハマったとなると、すぐイライラして、「お前がこんなところ、来たいなんて言うから！」などと、人のせいにする夫。

こちらが提案した方法で仕事を進めてみたところ、ちょっと難航したとたん、すぐに「だからあのままいけばよかったのに。余計なこと言うから……」などとイライラの矛先を向けてくる先輩。

◆すぐに落ち込んだり、謝りすぎたりする人

先輩：「今度の新人、気が利くいい子。見込みありそうね」
後輩：「……、それに比べて私は気が利かないし、お荷物ですよね」
そう言わないまでも、明らかに落ち込んだという態度を示す人もいるのでは。

お友達との長電話。
しばしの楽しいおしゃべりの末、「そろそろお風呂入るから」とか「食事の支度《したく》しないと」などと、おしまいを切り出されただけで、「ごめんね、電話しなきゃよかったよね、ごめんね」「忙しいのに、つまらない話につきあわせちゃって、ごめんなさい」などと、謝罪を連発するような人。

◆心にしみついた無意識の思考ルート

こちらにまったくそのつもりがないのに、すぐ怒ったり簡単に落ち込んだりする人は、言葉のとらえ方に関わる「心のフィルター」を見直す必要があります。
先のすぐ怒る上司や彼氏、母親の場合は、（本人には自覚はなくても）**相手から発せられた言葉を、「要求がましく」とらえています**。そして、ほんとうは**その要求に応えきれない自分がいることに耐え難い気持ちになっている**のです。耐え難い気持ちというのは、本人にとって心理的苦痛といえます。ですから、その苦痛から逃れたい。そのために、先に相手に噛みつくことで、身を守ろうとしているわけです。けれども、実際のところ、まったくの早とちり。お手つきですよね。しかしながら、本人からすると無意識的な自己防衛なのであって攻撃しているという自覚がないことがほとんどです。怒っているようで心の中では、ほんとうは傷ついたり怯《おび》えたりしているわけです。
ただ聞かれただけなのに、
《要求された》↓《応えきれない自分がいる》↓《責められていると感じる》↓《自分は失格なのか》↓《そんな気持ちにはとても耐えられない》
このような無意識の思考ルートで、ああ、もうこれ以上耐えられない！　となったとき、心の赤信号が点灯し、自動的に「怒る」「怒鳴る」となってしまう。

ようするに、その心の叫びとは、
「えーい！　自分をこんな気分にさせてくれるな！」
ということなのですね。

落ち込んだり謝り過ぎたりする傾向にある人も、心理的苦痛を味わいきれないという意味では、まったく同じです。

《人がほめられる》↓《比べられていると聞き取る》↓《ダメな自分を指摘されていると思う》↓なので《軽蔑されるのでは》↓《非難されるのでは》↓《後輩に追い越されるのでは》と連想し↓《孤独になるのでは》↓《それは困る》《それは寂しい》↓《寂しい思いなんてしたくない》↓《イヤだ！　もう耐えられない！》と、**何層かのフィルターを通して目の前の事柄を受け取って、さらに悪い連想をし、自らに「予期不安」をもたらせ、先回りして落ち込んでしまう**のです。

そんな自分がいることに気づかず、落ち込んだ態度をとるほかない。旧来の心のフィルターによって、そんな態度になるという自動パターンが身体に染み込んでいるわけです。

◆なぜすぐに怒ったり、人のせいにしてしまうのか

すぐ怒る人の場合は、怒って見せて、相手がビクついてくれたり、謝ってくれたりすると、危機的心理状態から救われ、内心ほっとすることになります。《ああ、俺はこれで過度の要求に応えなくてもゆるされる》《どうやら私は責められているわけではなさそうだ》と、心はやっと安らぎます。


先輩の前で、落ち込んで見せた人の場合は、先輩から、

「そんなこと全然ないよ。あなたよくやっているし、新人とは比べ物にならないくらいイケてるってば。何言い出すの？　周りのみんなもそう言ってるわよ」

そんな言葉を、引き出すことに成功するかもしれません。その言葉を引き出すことに成功できれば、不安はおさまり、やっと安心できる、というわけです。

《こんな私でも評価されている》↓《私はこれでいいらしい》↓《認められているらしい》↓《嫌われない・一人ぼっちにならないで済む》↓《ああ、安心。よかった》と。

渋滞でイライラし、相手のせいにする人の場合も、《渋滞にハマッたのは、俺のせいなどではないよな。俺は悪いわけじゃないよな》ということの確認をしているだけ。だから、「なんで人のせいにするの」などと言われると憤慨するのです。

それよりも、いつも《俺のせい？》↓《責められる？》↓《怖いよ》↓《俺は悪くないと言ってくれ〜！》と叫んでいる。

心の中は、ただ《俺は悪くないよな？　責められないだろ？》の確認がしたくてたまらない、しないと気がすまないほどの心理的危機状態に陥りやすい。実は、**絶えず責められることにビクビクしているがゆえに、いつ襲われるかわからない不安を先に打ち消そうと、相手の言葉に過剰反応し、早とちりし、お手つき攻撃してしまっているだけなのです。**

◆感情的になってしまう心の裏にあるもの

私たちが一見恐ろしいとか厄介だと考えている人は、このように、とっても傷つきやすいのです。トラウマなどと関係があり、特定の苦手感情が潜んでいることが多くあります（トラウマとの関係については、のちほど述べていきます）。

苦手感情を味わうことを異常に恐れているので、恐れのフィルターで「このままいくと」と、勝手によからぬ想像をして、先回りし、感情まかせの言動で表してしまうというわけです。

このように《目の前の現実》と《二度と味わいたくない苦手な感情》とが、自動的思考ルートで結ばれてしまうと、たちまち心の赤信号が点滅し、警笛が鳴り響き、理性を失う。それで感情的な言動が自動的に発動されてしまうのです。

なので、彼らは後になって「ついカッとなって」とか「無意識にやっちゃって」などと言うのです。それらの理由は、いずれも「えへへ、僕ちゃん安心を得たかったもので」ってことなのですね。

心の力を左右する「感情免疫力」

間違った心のフィルターで、色々な先回りをしてしまうのは、「味わいきれない感情があるから」「危機的心理状況を避けようとしているから」ということを、説明してきました。

ここまでは、「困った人」として、すぐ怒る人など、わかりやすい例を挙げてきましたが、自分自身にイライラするとか、心配しすぎて眠れなくなるとか、特定のタイプの人への苦手意識や嫌悪感があるなど、私たちが自分自身について困っていることも、実は、**心の事実、あるがままの感情を味わう力が弱いことが関係していることがとても多いのです。**

私は、この「感情を味わう心の力・不快感情への耐性力」を、「感情免疫力」と名づけました。

感情免疫力が低いと、目の前の現実から、「今なっている気持ち」「なりつつある気持ち」に耐えきれない、聞くに耐えない、見るに耐えないと感じるので、間違ったフィルターでとらえ、間違った行動に至ることが多くなります。

その結果、悪循環や堂々巡りを繰り返したり、感情の波立ちに動揺したりしながら生きていかなければならないことになります。それは悩みであり、ストレスであり、ハッピーなことではありません。

その意味で、私たちが、思いや願望を叶えて、よい関係や環境の中、幸せに気持ちよく生きていくために、感情免疫力を高めるということに着眼することは、画期的なことではないかと、私は考えているのです。

感情免疫力をチェックしてみましょう

ここまで、「こんな人に困らされていませんか？」ということで、お話をすすめてきたわけですけれども、ご自分と照らし合わせて、なるほど、と思われた方も多かったのではないでしょうか。

私たちも、もちろん理性を失うこと、失いかけること、わかっているのに感情的になってしまうこと、なりかけてしまうこと、というのは多々あることでしょう。

でも、そういうときに限って、結果がよろしくない方向へ転がってしまったり、悪循環や堂々巡りに陥ったりしてしまいますよね。

そんな不幸のループから抜け出して、ストレスない自分、現実に向き合うことのできるハッピーな自分、願いを叶えられる自分になりたいですよね。

今度は、あなた自身の感情面をチェックしてみましょう（該当事項をチェックしてください）。

□不安や心配で胸がドキドキすることがある。
□人の機嫌や顔色が気になって自由に振る舞えない。
□自由なとき、満足なときに限って罪悪感にかられる。
□恋人や友達からメールの返信がないと、自分に非があったのではと気に病む。
□不安を埋めようと何度もメールや電話をして、関係を悪化させてしまう。
□人が離れていくことが心配で、仕事も手につかなくなる。
□緊張して頭が真っ白になってしまう。
□言いたいことが言えない。
□断るのが苦手。

□人目を気にしすぎて、ほんとうの自分が出せない。
□自然体でいるということがよくわからない。
□イライラすることがよくある。
□自分のことが好きではない。
□感情の波に飲みこまれることが多い。
□人と比べて落ち込んだり焦ったりすることがよくある。
□心配性で、取り越し苦労が多い。
□人の言動が気になったり、ゆるせない気持ちになったりすることがよくある。
□自責の念にかられることが結構多い。

ひとつのチェックにつき一点と数え総点を出してから、以下を目安に感情免疫力の高さのレベルを確認しておきましょう。

0～2点　高い
3～6点　やや高い
7～11点　普通
12～15点　やや低い
16～18点　低い

マイナス感情に飲み込まれない自分へ！

「感情免疫力が高まると、先の悩みやストレスは解消されるのでしょうか」。

はい、解消されます。

なぜなら、《感情免疫力が高まると》→《自然な感情を受け容れることができるようになるから》→すると《マイナス感情に動揺したり怯《おび》えたりすることがなくなるから》です。

ですから、まず、これまでの心の苦しみから解放されるはずです。

さらに、

《自然な自分を受け容れることができるようになると》↓《自分の味方になる・自分を愛することができるようになるので》↓《もっと自由になれる・自分のためによい判断や行動ができる》↓《ストレスや苦手な人が少なくなる》

断る、伝えるなどの行動も、自由に行うことができるようになるので、これまでの人間関係にまつわる悩みやストレスも解消されるのは当然の結果となるのです。

また、《感情免疫力が高まると》↓《自分の感情をコントロールすることができるようになる》↓なので《いつも機嫌よくいられるようになる》

自分自身のマイナス感情の波に飲み込まれることがなくなるので、憂鬱《ゆううつ》感や罪悪感などに襲われたとき、上手に心の立て直しができるようになります。

では、先の怒る人たちに感情免疫力があれば、対応はどう違っていたでしょう。

上司ならば、

「おう、そろそろ必要か。まだ用意できてないな。もうちょっと待てるか？　急ぎならちょっと手伝ってくれよ」。

こんな返事をすることができるようになるでしょう。

子どもの「お腹すいた」に怒り出す母親の場合では、

「そうよね、お母さんもお腹すいたわ。買い物終わったら、すぐ食べようね」と返答できるようになるかもしれません。

渋滞にハマッたとき、人のせいにする人の場合も、

「いや〜、まいったな渋滞かよ。ま、しょうがない。新しいCDあったよね。替えてくれる？」

なんて、言うかもしれません。せっかくのお出かけが、イライラに支配されて暗雲ムードになることもなく、断然平和でハッピーですよね。

感情免疫力を高めることは、人生の舵を手に入れること

私たちも、「あのとき、もっとこう言えてたら」と思うことはありますよね。

頭ではわかっているのに、「ああ、またやっちゃってるよ」なんて思いつつ、止められないことを自覚しているときさえあったりします。

でもでも、頭でわかっているようにできない。わかっていながら、自分のハンド

ルを、感情という魔力に横取りされてしまう。あれよあれよという間に、行きたくないほうへ自動ドライブされてしまうわけですね。

「あ～、こんなところへ来る気はなかったのに～！」

わかっているのに理性の力が及ばないその理由は、感情の力が自然なものだからです。

自然な感情を毛嫌いしてきたから、うまくいかなかった。つまり感情免疫力が低かっただけのことなのです。

感情免疫力をアップすると、自然な感情や感情に走ってしまう自分を責めることもなく、味わい受け容れる術が身につきます。自然な感情を歓迎することができ、自然な感情と仲良しになるからです。そうすれば、あなたのなかの自然な力もあなたを歓迎してくれる。あなたの思いに抵抗や反発を示すことなく、あなたの味方についてくれる。あなたが思うように、自分自身をスムーズにハンドル操作することができるようになるのです。

そして、さらに、（実はここからが、私が感情免疫力を提唱する最終的な目的なのですが）あなたがありのままのあなたを愛するとき、あなたの中の可能性が、大きく羽を広げることになります。

潜在意識、潜在能力さえ解放することができ、あなたはあなたの願いを叶える力を同時に高めることになるのです。

なぜなら、潜在能力は、心の風通しのよいとき、心が安心や満足、感謝に満たされているときに、発揮されるようにできているからです。

潜在能力開発のために瞑想しても心はストレスでいっぱい、感情的な引っかかりだらけといった状態ならば、風通しがよいとは言えませんよね。

その意味で、「思いが現実になる」「波動がものごとを引き寄せる」とよく言われる引き寄せの法則を願望成就に生かそうと試してきたけれどもうまくいかない、という場合、心の乱れを整える術を身につけることで、人生は断然スムーズになっていくことと思います。

本章に入る前に

これから、感情免疫力のレベルアップをしていくわけですが、もともとのレベルは人それぞれだと思います。そこで、この本では、とても基本的なところからはじめて、徐々にステップアップしていけるようにしました。

感情免疫力が低い方のほうが、自分を愛せない、ストレスが多い、などの悩みも多いことと思いますので、前半では「自分に気づくこと」「自分を受け容れ愛すること」「ストレスを減らし、らくになること」を目指し、具体的なレッスンをしながら感情免疫力を高めていきます。

ここで「レッスン」と言い表しましたが、それは、考え方であったり、心得や心がけであったり、みずから行う訓練であったり、ときにはセルフ・セラピーであったりします。

いずれも、ご自分に無理のないところで、積み重ねていただければよいものです。

中盤では、さらにハッピーに生きるために、「もっと自由にもっとらくになっていくこと」そして「生活環境をクリアにしていくこと」について、具体策を提案しながら、心の力をつけていきます。

後半は、「いつも幸せな自分でいること」「さらなる可能性が開かれる自分でいること」を目指して、前半、中盤での積み重ねを不動のものとしつつ、心のクオリティを高め、真の幸せ、真の可能性へと開かれていきます。願望成就の力を強める秘訣などにも触れていきます。

各項で、とくに強調したい重要箇所は太字に網かけ、その他のポイントなどは太字にしてあります。

これほど具体的に、ご自分の感情と向き合ったり、心の力をつけたりする訓練をしたことは、おそらくなかったのではないかと思います。それだけに、難しいとか苦しいとか感じるかもしれませんが、それは想定内ですから、安心してじっくりしっかり、幸せの力をつけていくことにしましょう！

1章

イライラやクヨクヨの悪循環パターンを断つ

——不安や焦りがなくなる「意識」の使い方

深呼吸で「意識」という道具を使いこなせる

感情免疫力を高めるためには、自分に気づく心の力が必要で、その基本は深呼吸です。

さっそく深呼吸してみましょう。

できるだけたっぷり、これ以上吸えないというところまで、深く吸い込んでみてください。そして、吐くときも、ゆっくりと、すっかり最後まで吐ききります。

ここからは、「深呼吸を続けながら」を意識して、この本を読んでいってください。

なにかに集中しているとき、呼吸が止まっていたと思うことがありますが、それは、集中している事柄に全意識が向けられているからです。

今、本を読みながら深呼吸ができますよね。ということは、何かをしながらも「もうひとつの意識」を別のことに使っているということですよね。

その意識こそ、エネルギー。

「意識」を使いこなせるようになることが、この本で身につける大切な事柄です。なぜなら、意識という「道具」が感情免疫力を高める鍵だからです。 意識を使いたいときに使いたいように使えるようになれば、あなたは、振り回されたり扱いきれないと感じたりしていた、自他の感情に動揺することがなくなり、最善の対処ができるようになります。漠然とした不安や焦りに駆られることもグンと減るはずです。

意識を最大限に使うことができれば、たくさんの可能性を開くことができます。

深呼吸は、心身の健康、神経細胞の活性化にもよいので、一石二鳥ですね。

深呼吸、今も続けていますね。

「深呼吸」は、基本中の基本です。

深呼吸を徹底的に身につけてしまいましょう。

その「意識」が、これからのあなたの人生にたくさんの素晴らしい変化をもたらせてくれることを楽しみに期待しましょう。

もう「引きずる」のはやめてしまいましょう

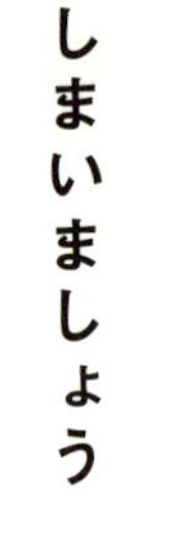

あなたは、自分自身に寛容ですか？　それとも自責する傾向がありますか？　ミスして恥をかいたり迷惑をかけたり、感情的になりすぎて後悔したり、ということは、誰にだってあります。

誰にでもあることですが、「こんなに引きずる自分はおかしいのではないかと不安になる」と、さらに二重責めして苦しんでいる人も、案外多いものです。

そういう人は、ゆるしてもらった経験が少ないはずです。

子どものころ、感情的な親や世間体を気にしすぎる親などから、完ぺきでいるよう厳しく躾《しつ》けられ、ちょっとの失敗もゆるされなかった。謝っても簡単にはゆるしてもらえなかったなどです。

そして、あのときの心の痛みがトラウマになっていることが多いです。ですから、「あのとき」の心の痛みを避けるためにいつも失敗しないよう気を張っています。

それでも人間ですから、ミスすることもあれば、感情的になることもある。人の気に入るようにばかりはできないことだって当然ある。それなのに、心では小さなミスも重大な過失かのように感じて怯えてしまうのは、「心の痛み」に対する感情免疫力が育っていないせいです。

《結果叱られた・痛い目にあった》ということを心が覚えているので、《重大な過失》のようにとらえ、怯えたり引きずったりしてしまうのです。

これからは、**あなた自身が、「もういいよ」とゆるしてあげましょう。**

後悔もしていい。反省もしていい。

ただ、後悔と反省とは別物。いつまでも、後悔させ続けるのは自虐的というものです。

これからは、「もういいよ。次に生かせばいいんだよ」「今日はそのためにあったんだよ」と、反省したら笑顔でゆるしてあげるようにしましょう。

「そんなお母さん（お父さん）に育てられたかった」。そう思うなら余計に、これからはご自分を愛し、ご自分を守り、育てていくことを心に誓いましょう。

「しか」ではなく「も」で考えると、ラクになる

自分のことが嫌いという人のお話をよく聞いてみると、「それでは、スーパーマンにでもならない限り、自分のことを好きになれそうもないじゃない」という印象を受けることがあります。

その人自身が**「完全主義」であるがゆえに、自分のことをよしとできず、好きになれない**でいるのです。

「90点も取れた」ではなく、「90点しか取れなかった」と思ってしまう。「100でなければ0」というように、オールオアナッシング思考で、苦しんでしまいます。

子ども時代、楽しくてハメをはずしたり、調子にのったりしたときに叱られた経験の持ち主は、それがトラウマとなって、楽しく振る舞った自分を後から反省してしまうかもしれません。

正直な意見を言っただけのつもりが、お友達からキツイなどと非難された経験か

ら、言いすぎたかな、悪く思われていないかな、と心配するクセがついているかもしれません。

でも、非の打ちどころない完ぺきなどありません。素直に自然に正直に振る舞った結果、「それが失礼に当たったら、ごめんなさいね」でいいときも多いもの。人からの評価を気にしすぎて過剰な反省ばかりしたり、不自然なまでに高い理想を設けて現実のギャップを埋めようと自分にムチうちすぎたりするのでは、自分自身がかわいそう。ハッピーではありません。

口角を上げて深呼吸してみましょう。

肩の力をぬいて、「じゅうぶん、じゅうぶん。これでいい」「謝ってゆるされないことなどないからね」と、自分をほめたり安心させたりしてあげましょう。

自分をゆるし、愛することとは、もっとらくちんな、ありのままのあなたを喜んで受け容れてくれる環境や関係へと、あなた自身の可能性を開くことなのです。

自分の心の動きを感じとる「意識の矢印」とは？

ちょっと試してみていただきたいことがあります。

今、意識はこの文字に向けられているでしょうが、読みながら聞こえていることや視界に入っているものを意識してみていただけますか？

読みながらも、意識を向けさえすれば、周りの音や視界を意識することができますよね。

この**「意識の向き」**のことを、私は、**「意識の矢印」**と呼んでいます。

この意識を、今度はご自分の気持ちに向けてみて、胸の内で感じていることを感じてみてください。このとき、呼吸の吸い込まれる胸のうちに意識をつけていくつもりで行うと、意識の向け方がわかってくることと思います。

この要領で、これからは、**たえず、ご自分自身に「今なに感じてる？」とたずねるようにして、気持ちや感情を感じるようにしてみましょう。**

感情や気持ちは、その時々の体験や思考をもとに絶えず自然発生しています。これが意識の矢印を利用して、自然な感情や気持ちと仲良しになっていきます。これが感情免疫力アップのファーストステップとなります。

私たちは、ついイライラしてひどいことを言ってしまったときなど、「無意識に」という言葉を使いますが、本来、無意識状態とは、気絶しているときや寝ているときにしかならない状態です。そこで、**ここからは、「気づこうとすれば気づくことのできる意識の領域」のことを、無意識とは区別する意味で「非意識」と呼ぶことにします。**

「今、なに感じてる？」と心に問いかけてみると、これまで非意識だった焦りや不安のなりはじめ、また無理や我慢のふくらみ加減などを感じられるようになります。

自分自身の心の動きを、レポーターが実況中継するような感覚で、「今なに感じてる？」。

しばらくのあいだ、これを、「深呼吸」と「意識の矢印」で、徹底的に練習してください。

「不快感情」には、ただ共感してみます

「今なに感じてる？」と、意識の矢印で感じると、たとえば、お店のレジで支払いしているとき、なぜか、慌《あわ》てて「焦っている」とか、他人の悩み話を聞きながら「苦痛を感じている」など、これまで非意識だった不快に気づくことができるようになります。

そんな不快感情を感じたら、今度は、ただ「焦ってるね」「苦痛だね」「不快だね」と、その感覚を感じてくれている心に対して、言葉をかけるようにします。

「不快になるのは自然だよ」「焦ってるね。よしよし」と、ただその心の状態に「共感」するようにしていきます。

ポイントは、そのときの自分の気持ちに客観的に、ただ無条件に、「今、〇〇な気持ちでいっぱいなんだね。それも自然だよ」と、共感することです。

苦手な作業に根負けすればイライラするものです。そんなときも、「ああ、今、

イライラしてきてるんだね。それも自然だよ」と、**口角を上げて深呼吸。**なにしろ共感することを習慣づけるようにしていきます。

これまでは、焦っている自分に不安になったり、イライラからやけを起こして八つ当たりしたりしていたかもしれませんが、それは非意識に感情管理しきれないことから起こっていたものなのです。

マイナス感情は、苦く、不快なので、これまでは味わうより先に、非意識にぺっと吐き出したり、自動的にぐっと飲み込んだりする習慣がついていたことと思います。けれども、それが、序章で述べたような、爆発や悪循環のもとになることが多かったはず。ですから、その不快をどう表すかということ以前に、これからは、非意識だった不快感情を、心の事実としてあえて味わい共感するようにしましょう。

不快をただ味わうようにするだけで、感情免疫力はどんどん高まっていきます。

ひとりでいるとき、こうして不快をウェルカムする習慣をつけると、不快な現実に動揺することがなくなってきます。

口角を上げて深呼吸。自然な心に共感する言葉がけを、まずは身につけましょう。

「落ち込み」「ひがみ」も自然なこと。そのままでいい

すぐに落ち込むとか、ものごとを悪いほうへばかり考えてしまうネガティヴ思考の自分を変えたいと思うなら、「そんな自分もここまでは自然」と、抱きしめてあげるようにしましょう。

別の誰かがほめられた、評価された、となると、すぐに落ち込んでしまう。頭では比べられているわけではないとわかっているのに、やっぱり私はダメなんだ、などと考えては落ち込んでしまう。そのうちに、人のことが恨《うら》めしくなって、人の幸福を喜んであげることができない自分がいることに気づく。そんな自分をさらに責めてしまうなどということで悩んでいる人も決して少なくはないようです。

だいじょうぶです。

それで、いいのです。

「いや、それではよくない」と思われるかもしれませんが、どうしてもそう感じて

しまう心がある、あった、ということは、自然なこと。だから、それは悪いわけではないでしょう。だから、まずは、それで、いいのです。

ご自身の心に、意識の矢印を向けて、今なに感じてる？ と問いかけたとき、どうしたって落ち込んでる、とか、ひがんでる、と答える心があるのなら、**なにしろそのまま味わい、共感することに慣れていってください**。

「そうよね、落ち込んじゃうよね」「ひがみたくなるのも自然。だいじょうぶよ」「いじけたくもなるよね、よしよし」と、共感してあげることがなにより大切なのです。

共感することなしに、前向きなほうへ、ポジティヴ思考のほうへと、ぐいぐい手を引っ張っても、心は引き裂かれ辛くなるばかり。その辛さを置き去りにするから、人の笑顔を喜んであげられないほど苦しくなってしまうのです。

気持ちがどのようであれ、まずは、自然な心を優しく認めてあげること。「それも自然だよね」「だいじょうぶ」。そう共感してあげること。これがじゅうぶんできることが、すべてのよりよい変化へのスタートライン。心の土台なのです。

「イライラ」「ムシャクシャ」の悪循環ルート

「イライラするのも、無理もない」

イライラやムシャクシャを感じたときも、即座に深呼吸して共感してあげましょう。

ものごとがスムーズに進めば気分がよいのは当然のこと。

逆に、「あ〜ん、うまくいかない〜！」というとき、イライラするのも当然のこと。感情免疫力の低い親に育てられた場合、親御さん自身が子どものイライラに動揺してしまうので、はなから封じ込めようと「そんなことで怒るんじゃない！」などと叱られたことが多かったはずです。

そうなると、大人になって、**イライラしている自分自身にイライラさせられる、ということが非意識に起こってしまいます。**

落ち込む自分にイライラしたり不安になったりするのも同じですね。そして、そ

んなときに限って、心の中では「こんなことでイライラして!」「こんなこともまともにできないのか!」と、いつか誰かに怒られた口調で心の声が鳴り響いているものなのです。

これは、悲しむ、落ち込む、いじけるといった態度に関しても同じです。いずれにしても、子ども時代に理解や共感を示してもらったうえで、根気よく作業を続けるとか、別の考え方ですれば落ち込むことなどないよ、と導いてもらうことがなかった。なので、私たち自身、マイナス感情への対処の仕方が身についていなかったのも当然だった、と理解することができます。

しかしながら、イライラやムシャクシャを野放しにしてしまうと、投げやりになってやり遂げられないとか、人に八つ当たりしてしまうというのも、また当然のルートなわけで、ここをなんとかしたいわけです。

そんな悪循環パターンを元から断つには、やはり、まずは「共感」です。

「イライラしちゃうよね。だいじょうぶ。無理もないよ」「ゆっくりやればいいんだよ」。責めの立場から、共感の立場へと自分が変われば、すべてが変わります。

マイナス感情に愛を届ける言葉

非意識のマイナス感情に共感することができないと、悪循環の一途をたどってしまうことがあります。

若い女性によく見られるケースとしては、恋愛中、《不安になる》↓《彼氏にしつこいメールを送ってしまう》↓《煙たがられ冷たくされる》↓《さらに不安になる》という悪循環。悪くすれば、仕事や睡眠などにも支障をきたしてしまいます。

恋愛不安シンドロームといえるこのケースも、感情免疫力と深いかかわりがあります。

ここで、理解したいことは、《不安や心配が生じたとき》↓《外側からそれを埋めようとするので》↓《彼氏へのメール》となっていたということです。

悪循環を断ち切るには、「不安を埋めるための安心材料を外から引っ張ってこようとしていた結果の悪循環であった」ということを理解し、認める必要があります。

そこで、（これまでのレッスンで、不安を認めて共感することに慣れてきたら）今度は、自分自身へ安心や愛情を届ける言葉がけをしていきます。

●「だいじょうぶ、安心していてだいじょうぶ」
●「どんなことがあっても、あなたと一緒」
●「決してひとりぼっちにさせないからね」

と共感をもとに、ここではじめて気持ちの方向づけに着手します。もちろん、恋愛に関することだけでなく、不安や心配からの悪循環を修正するのにもとても有効です。

こうして、自分の味方となり、いつも安心な心の土台ができると、他者との関係も、あらゆる現実も、好循環をもたらすことが可能になります。

自分自身との関係が、信頼で結ばれ愛情深いものとなれば、外側との関係にも必ず反映されるようになります。

人生のパートナーと愛し合い、幸せになりたいという欲求を実現するにも、自分自身を愛し、自分自身とのパートナーシップを安心なものにすれば、愛し合うことに自然と心が開かれ、現実に投射されるようになるのです。

嫌いだった自分に「ごめんね」と伝えてください

理想の自分になろうと、力ずくでそちらへ引っ張ろうとしてもうまくいかないものです。

それは、何かに怯えて泣いている子どもに向かって、強い口調で「怖くないって言ってるでしょ!」とか、「泣く子は嫌い。おいていくよ」などと叱っては、逆効果であるのとまったく同じことです。

そうではなく「そうよね、怖いよね、よしよし」と、その自然な心を抱きしめてあげないと、感情はおさまりません。「共感」は、そのプロセスというわけです。

共感することは、受け容れること、認めることにつながります。

受け容れる、認めるということをむずかしく考えず、「ただある」として、共感することを徹底すればよいと思います。

よく、どうしたら（自分や他者を）認められますか、と質問されますが、認めるというのを「好む」と考えると「受け容れがたい」気持ちと反発してしまうものです。好む必要も、よしとする必要も、理解する必要もないと考えてください。

理解を超えて、「了解」する。ただ、すべてを「そういうわけなんだね」と、無条件に了解し共感すること。これが、自他を、そしてあらゆる現実を、認め受け容れることにつながっていきます。

ですから、**これまで、認められなかった自分、受け容れられなかった自分、ダメだと嫌ってきた自分にこそ、共感を示してあげましょう。**

怖がり、泣き虫、すぐ怒る、すぐ緊張するなどなど、いろんな自分は、自然なんだね。そういうわけなんだね。

「ダメだから直す」ではなく、「それでよくて、さらによくなる」ということですね。

これまで嫌ってきてしまった自分に、そっと「ごめんね」と伝えてあげましょう。

心の土台を築く「言葉がけセラピー」

感情免疫力強化のために、自分自身への言葉がけでセルフ・セラピーをするようにしましょう。とくに漠然とした不安や緊張に心が占領されている場合に効果的です。

方法は、いたってシンプル。ただ、繰り返し言葉をかけるだけです。すぐにドキドキしてしまう場合などは、ご自分のお胸をやさしく撫でながら言葉がけセラピーを習慣づけてください。

●「だいじょうぶ、だいじょうぶ、だいじょうぶ」
●「それでいい。これでいい。とってもいいよ」
●「安心、安心、安心していていいからね」
●「すべては安全。安心安泰、だいじょうぶ」

●「すべてはうまくいっています。すべてはうまくいっています」
●「ありがとうございます。ありがとうございます。ありがとうございます」

右記の言葉用語のなかから、気に入ったものやそのとき自分に与えたい言葉を、口角を上げて深呼吸しながら、繰り返します。

マイナス感情になりかけたときに行おうとすると、すでに心が動揺していて、それどころではなくなってしまい「できませんでした」ということが多いです。そうならないために、日常的に習慣づけておくことをお勧めします。

ふと一息つく、というようなときも、**私たちの頭の中は「さてと」と、いつものパターンで物思いにふけるということをしているはずですから、そんなときにこそ、この習慣づけをしていただきたいのです。すると、非意識に「いつもなっていた心の方向（不安などマイナス方向）」にいくところを、軌道修正することに成功するはずです。**

慣れるまでは、「また忘れちゃった」ということがあると思いますが、お稽古事のつもりで、ただただ積み重ねるようにしていただきたいと思います。

いつでも、どんなときでも、だいじょうぶ

「抑うつ気分になったとき、よしよしだいじょうぶ、と言葉がけはしていますが、していているほうの自分が、だいじょうぶって思えてないときが多いんです。それでも、続けなければいけませんか。それで効果があるんでしょうか」

このような疑問が、はじめのうち出てくるかもしれませんが、答えはイエスです。

あなたがお母さんであると想像してください。

我が子が、ひどい高熱で苦しんでいる、あるいは、大怪我して流血し痛がっているとしましょう。あなたは、子どもを抱きかかえ病院へ向かっているところです。

子どもの状態はとても悪く、あなたが今まで経験したことも見たこともないほど、ひどい状態です。母親であるあなたは、「もしかして、もうダメかも」という一抹の不安が。万が一の不吉なことさえ浮かんでしまうほどです。

そこで、あなたに抱かれた子どもは聞いてきます。とても苦しがって、不安がっ

て、あなたにすがって、聞いてくるのです。

「お母さんお母さん、痛いよ苦しいよ、ワタシもうダメなの？　ワタシは死んじゃうの？」

そこで、あなたは、なんと答えますか？

もうおわかりですよね。

「だいじょうぶよ。だいじょうぶだからね。心配しないでいいよ。すぐよくなるからね」

そう言って必死に我が子を安心させることでしょう。そういうことですから、**言葉がけする側の心に動揺があっては効果がないということではないのです。**

むしろ、こうした言葉がけを続ける意識を養うことが、感情免疫力の強化なのです。

そう、ときに、母親のこんなやせ我慢が、子どもへの愛や可能性となるように。

感情免疫力を高める練習は、自分への愛情と根気をもって、自分自身を育てなおし、可能性を広げるプロセスなのです。

ポジティブもネガティブも全肯定主義で！

マイナス感情を共感し受容する、味わう目的でマイナス感情を歓迎することについて、次のような疑問が生じるかもしれません。

「マイナス感情を歓迎することは、マイナスな現実を望むことにはならないか。だとしたら、マイナスの出来事を引き寄せるパワーを強めてしまうのではないか」。とくに、「引き寄せの法則」や「思いと現実の法則」などを学んだ人はそう思うかもしれません。

ポジティヴな現実を引き寄せるために、その教えのとおり、ポジティヴ思考で、ポジティヴな感情であろうとして、ネガティヴ感情に眼を向けないことを実践してきた人にとっては、ネガティヴな感情を認めてしまったら、ネガティヴな現実を引き寄せはしないかとの疑問が生じるのも当然だと思います。

ところが、これが落とし穴。

実は、すっぽりと抜け落ちた大事なポイントなのです！

なぜなら、不安や心配、がっかりしたり傷ついたり落ち込んだりする気持ちや、自然な自分に抵抗したり否定したりすること自体がポジティヴではなくネガティヴなことだからです。

本来のポジティヴ思考というのは、全肯定主義。

むしろ、ネガティヴを恐れる感情免疫を高めることこそが引き寄せの力を高める秘訣。可能性は片面だけではなく、放射状に全方向に広がるからです。

緊張するまいと思えば思うほど、緊張してしまいますよね。でも、「ああ、緊張してるな、それほどうまくやりたいんだね」と、緊張を否定的にとらえたりせず、それはもっともなことと認めてしまう。すると、すっと緊張は解けるものです。

これまで受け容れられなかった領域を自然なものとして歓迎することは、もっと自然に手に入るはずの可能性を歓迎することに他ならないのです。

2章

感情コントロールで、他人にもう振り回されない

——誰よりも自分の気持ちを優先する練習

無理やガマンにさよならしましょう

私たちは、みな幸せになる権利と自由と価値があります。

誰にも、私たちのことを、不幸に陥《おとしい》れる権利などありません。

私たちの心を不快にさせたり、人生を侵したりする権利や力を与えられている人など、存在しないのです。


幸せでいることは、満足でいることです。笑顔でいることです。

そのために、今あるストレスを軽減させていくことにしましょう。

「不快」に気づくことは、ストレスに気づくことでもあります。

このとき、私たちのマインドに「無理や我慢は当たり前」という非意識の定義があると、ほんとうはもっと簡単に減らすことのできるストレスに対しても、罪悪感などが邪魔して難しくなってしまうものです。

ですから、いつも、

- 「誰も私を不幸・不快にさせる力などもってはいない」
- 「人はみな、幸せになる価値がある」
- 「私は幸せになる権利と自由がある」

このようなアファメーション（肯定受容のためのフレーズ）で、あなたの幸福定義のレベルをしっかり高めておいてください。

「不要なストレスに、我慢する必要はないからね」「満足でいていいよ」「笑顔でいていいからね」と言葉がけをし、心のベクトルをハッピーに向けておきましょう。

「なにをおいても、まず自分」というくらいの気持ちで、今はよいくらいです。

貯金をするなら、その前に借金を返済してから、ということと同じ。

もっとらくちんに、もっと幸せに満足になるために、「ストレス最低限の自分でいていいよ」と自分に許可し、ストレスフリーの人生をスタートさせましょう。

「他人より自分」と考えるくらいで、ちょうどいい

ストレスでいっぱいいっぱいという人は、真面目でいい人、適応力の高い人が多いものです。

自分勝手な行動を慎もうとしたり、できるかぎり人の気持ちに応えようとしたりしているうちに、いつしか自分が犠牲になることが多いのです。また、真面目が過ぎて、過剰な向上心や完ぺき主義的な姿勢で自分自身を痛めつけてしまうこともあります。そして、そういう人は、自分自身が「いっぱいいっぱい」であることに、うすうす気づいていますが、休ませてあげるとか、もういいよ、とゆるめてあげる習慣がありません。それでいて、案外「誰もわかってくれない」などと被害的に悲観したり、孤独に陥ったりする傾向も、よく見受けられます。

今から、ストレス最低限で、様々な願望を成就しながらハッピーな自分になっていくのですから、自分自身に「らくでいていいよ」と許可してあげましょう。

「誰もわかってくれない」と、悲観的になることは、多かれ少なかれ、きっと誰にでもあるものでしょう。でも、だからこそ、**自分自身が、これまでどんなにがんばってきたか、あるいは辛い思いをしてきたか、「私が一番よく知っているからね」と、自分の味方になるのです。**

自分のことを一番大事にしていいのです。

「そうは教えられてこなかった」と思うかもしれませんが、**人の中でストレス過多傾向の人は、「人より自分！」と考えるくらいでちょうどいいものです。**

これは、決して、わがままや利己的であることと直結するわけではありません。みな、自分の立ち位置が中心で、人生を歩んでいるのですから、みな自己中心です。

人生の中心である自分という存在の一番の味方に、自分がならずにいるのは、ある意味「甘え」といえます。そのぶん、人への期待や要求が、非意識に強まる元となるのです。

あなたが自分の味方になることは、あなたが自分自身を愛すること。

「いつもらくでいていいよ」「満足でいていいよ」と、たっぷり言葉をかけましょう。

そろそろ「いい人」をやめてみませんか？

お人よしな人や気が利く人は、そのときは、自分が人にしてあげることが嬉しいですし、人から喜ばれることに快感を抱くことと思います。

けれども、後々、「なぜか、いつも私ばかり？」という非意識の不満があることに気づくこともあるようです。

また、人から心の中まで土足で踏み入られて困っているような人というのは、どこか、みずから服従的な役回りを買って出て、それが当たり前になる関係づくりをしてしまっている部分もありそうです。

たとえば、ドリンクバーのあるカフェで、目の前に座っている相手が、その人のカップを手にしたと思ったら、いかにも「なんだ、空っぽか」という様子で、そのカップをテーブルに戻す。そんなとき、気が利くお人よしさんは、「なに飲む？」と、すでに中腰。もう立ち上がって、次のドリンクを取ってきてあげようとしています。

これこそが、非意識の自動パターンですね。ある意味、怖いですね。

つまり、要求されていないのに、《要求されているととらえる心のフィルターがある》。なので、《応えてあげてしまう》。話題に上ったことについて「じゃ今度買ってきてあげる」「やっておいてあげる」などと、みずから仕事やストレスを増やしていることが多いはずです。

思い当たる人は、集中トレーニングのつもりで、「頼まれなければしない」と心に決め、自分の行動改善に徹底しましょう。

もちろん、これらは悪いことだから改善せよ、というのではありませんよ。あくまで、これまでのパターン化された習慣からストレスを減らす方向での改善ですからね。心臓発作の人が目の前で倒れても、「頼まれるまで、救急車を呼ぶな」といっているのではもちろんありませんので。そのへんは臨機応変にお願いします。

心とつながる深呼吸をしながら、自分の気持ちを大切に、あとあと負担やストレスにならないように、あくまでも自分を大事にいきましょう。

完璧主義さんをラクにする「手を抜いた自分を評価する魔法のレッスン」

完全主義傾向の人に限って、自分のことを完全主義などと思っていません。同じように、無理や我慢がきく人に限って、自分の無理や我慢に気づきにくいものです。カウンセリングで、4人の子どもの子育てをしながら、数頭の大型犬の面倒までみていた30代の主婦がいました。

心身疲れ果てて、心療内科ではうつ状態と言われたといいます。ところが話を聞いてみると「毎日掃除機をかけられない自分がゆるせない」「お料理せずお惣菜で済ませるなんて怠け者」「お弁当屋さんでママ友達に会うなんて恥ずかしい」と、こんな調子。厳しい父親、完ぺきな母親のもとで、折檻《せっかん》されることもあったという彼女は、自分についてほめられる点など何もないというのです。

レトルトで済ませようかな、と考えるだけで、ドキドキするといいます。

《レトルトで済ませる》↓《手を抜く自分》↓《ゆるされない》↓《激しい折檻》

↓《心身の苦痛・恐れ・不安》と一瞬のうちに連想し、ドキドキに至っているのがわかりますね。

彼女に対してもまずは、ドキドキや不安などの、旧来の自然な気持ちに共感し、「よしよし」と自分を抱きしめるよう指導しました。

そして、「らくになっていいんだよ。らくになることは安全で安心なこと」と心の定義を変換するための言葉がけをするようにとも伝えました。

さらに、実際行動として、「今度から、『手を抜くことができた自分』に、点数を加算して」とも。つまり、これまでお惣菜で済ませたとき減点していたところ、これからは、自分にひとつポイントをあげることを課題としました。

彼女のように、自分はいっぱいいっぱいなのに、らくになる、手を抜くというのができない、苦手、ゆるせない、という人は、「ちょっと手を抜くくらいが今のレッスン」。そう言葉がけをし、過度の無理や我慢をゆるめていきましょう。

「いい加減」は、ちょうど「よい加減」。

「テキトウ」こそ、「適度」。

感情を解放する「リリーシング」

「喜怒哀楽」といった感情は、極めて自然なものです。

それらをどう表現するか、その結果どうなるか、ということがら以前に、それなりの感情が生じる、湧き起こるということは、自然なことです。

それは、ちょうど、東西南北や春夏秋冬のように、超自然なのです。

たしかに、よい味わいのプラス感情は私たちが味わいたい感情なので歓迎され、マイナス感情は苦い味わいなので嫌ってしまいがちです。が、それらを、単にポジティヴ、ネガティヴと決め込んで閉じ込めてしまうことは、未解決感情を溜め込んでしまうことになり、心の風通しを悪くさせてしまいます。感情はエネルギーですから、心身に滞りができれば、健康を害することになりかねません。

そこで、「リリーシング」という感情解放のセラピーを行ってみることにしましょう。

●深呼吸をしながら、吐き出すとき、肩、首の力をぬいてみましょう。（3回ほど）

●次に、ご自分自身へやさしい気持ちを向けて、胸の中をはじめ、心と身体に、温かな光を注ぎ入れるイメージで、さらに深呼吸を続けましょう。（3回ほど）

●今度は、吐き出す呼吸と一緒に、我慢やストレス、閉じ込めてきたマイナス感情などを解放していきます。

「はぁー」っと、ため息をつくくらいの感じで、「遠慮なく解放されていいよ」「らくになっていいよ」と、苦しかったものを一気に吐き出し、解放しましょう。（胸を撫でたり、こぶしで叩いたりしながら不快や我慢を広げ、深呼吸5〜10回分ほど行います）

●最後に、口角を上げて、光、愛、可能性、自由、笑顔、幸せ、喜びなど、好ましい言葉のエネルギーを吸い込み、心身を満たしていきます。（5回ほど）

「どうもありがとう。どうもありがとうね」「これから、もっともっとらくになろうね、たくさんたくさん幸せになろうね。なっていいよ」

そんな言葉を届けておしまいにしましょう。

愚痴っぽいときは「された」「言われた」思考を要チェック

いつもグチや不満を言っている人は、決してハッピーとはいえませんよね。ストレスが多いぶん、非意識の文句も多くなってしまうのでしょう。けれども、グチの多い人というのは、案外自分がグチばかり言っていることに気づいていないものです。

その理由は、《こんなに大変な思いをしている、とアピールすることで》↓《どこか、ゆるされた気持ちになる》↓《安全安心な気持ちを手に入れられる》からです。

自慢話ばかりしているような人も、本人はあまりその自覚がありませんが、《認められる》↓《安心を得る》ことをしているのです。

自慢話が耐えない人の話はさておき、グチや苦情の多い人たちの言葉に注目してみると、わかることがあります。グチ以外にも、いつも弱々しく落ち込んでいる人もそうですが、**彼らの共通点は、いつも「された」「言われた」と、受け身である**

のです。

勢いよく怒ったりグチったりしている姿は、「受け身」とはほど遠い印象なので見逃しがちですが、実のところ、《された・言われた》結果《こんなにヒドイ状態なのよ》と自分に非はないことを強調します。**被害的であることをアピールしていると言えます。**

被害者的な心の持ち主は、加害者的な役割を果たしてくれる人を引き寄せてしまうものです。言い換えれば、被害的な人は、加害的にみずからすり寄っていくことが多いのです。はじめは意気投合したり尊敬できると思ったりして、おつきあいをはじめても、あとで「された」「言われた」と徐々に不快やストレスを相手のせいにして被害的立場に回り込むのがパターン。

もちろん、本人は非意識ですが、《困った立場になって》→《グチを言うと》→《大変さを認めてもらえて》→《安心を得る》というパターンがあるのです。

ちょっとキビシイかもしれませんが、私たち自身も、このように見直してみると、これまでのストレスや、関係パターンの改善の突破口になるかもしれません。

ストレスへのメス入れとして、「受け身思考」「受け身言葉」を観察してみましょう。

傷つくのも腹が立つのも、欲求不満の結果です

いいことがあれば上機嫌でハッピー。悪いことがあれば不機嫌でアンハッピー。ストレスがなければ「最近調子いい」。ストレスだらけなら「調子悪い」。

そのあたりは、誰でもみな同じですよね。

けれども、他者や出来事次第で、ハッピー、アンハッピーが決まるのも、どこか口惜しい。もったいない気が私はするのです。克服するにはどうしたらいいか。

ストレスも苦悩も自分のエゴ。欲求不満なのだと認めてしまうことです。

人の言葉に傷ついたり腹を立てたりするのも、そこには欲求や期待があるから。自分自身にもどかしさを感じイライラするのも、欲求や期待があるから。期待がはずれ、欲求が満たされないから、私たちは傷つく。泣いたり怒ったりするのは欲求不満の結果なのです。

ただし、「エゴ」という言葉も、「欲求不満」という言葉も、決して悪い言葉では

ありません。あってはならない、なっていけないものでも、もちろんありません。

なぜなら、自我（エゴ）や欲求があるから目的、目標ができます。欲求が満たされることは満足なこと、幸せなことです。ですから、欲求不満を見いだすことは、幸せに欠かせない、よいことなのです。

ただ、感情免疫力が低ければ、それらの不快感情を受け容れることが苦手です。そこで、不快に共感でき感情免疫力が高まれば、不快感情を味わいきることができるようになる。つまり、欲求不満に耐える力、すなわち欲求不満耐性がついてくるわけです。

非意識で「手に入ると勝手に決め込んでいたのは、この私か」「期待がはずれて、こんなにがっかりしているのか」「腹立てているのも、期待がはずれてのことか」とすんなり認め、不満な心も自然と、抱きしめてしまいましょう。

そうすれば、これまでのストレスや不要な感情的波立ちから、かなりすっきり解放されること間違いなしです。

ストレスや苦痛を解放するセルフ・セラピー

日常でのストレス管理に有効なセルフ・セラピーを三つほど紹介しておきます。

●リリーシング（解放のワーク）

お風呂に入ったときなど、大きなため息を吐き出し、我慢やストレス、その他の感情を、身体の外に解放するイメージで吐き出していきます。

「ああ、我慢が溜まってた～！　あー、もう出てっていい！」

「腹が立った～！　ほんとに腹が立ちましたぁ！」

これは、ネガティヴなことなどではまったくありません。真っ白い服を着ていて、ますます白くなることはないように、社会の中で常識的に生きれば、少なからず我慢やストレスは溜まるもの。ただ、それらを、外へ、宇宙へと解放するのです。

●じたばたポーズ

ごろりと寝転んで、小さな子どものように、手足をじたばたさせます。両目をぎゅっと閉じて、苦しがってじたばたしちゃうのです。

「あー！ いやいや！ もうヤダ！」などと、思い切りじたばた、嫌がる。

私たちは、Ｙｅｓと首を縦に振ることは多くても、Ｎｏと首を横に振ることは少ないのでは。やだやだやだ、と駄々をこねるなんて、大人になればまずないですよね。じたばたポーズで定期的に解放することにしましょう。

●悩みのポーズ

体育座りするか机にうつぶせて、「悩みのポーズ」を作ります。背中を丸めて、しっかり頭を抱え「あぁ苦し～！」などとたっぷり悩んじゃいましょう。

ポーズを作ると抑圧感情がポーズを通り道にして解放されるので非常に効果的。いずれのポーズも定期的に行うと、前もって解放できるのでベターです。

「休む」「断る」「距離を置く」で、自分の自由を守る

「ほんとうは苦痛」「ほんとうはしたくないのにただ習慣的に続けている」ということはありませんか。

ストレスのなかで、実は、あっさり「やめればいいだけ？」と思えるものがあったら、休む、断る、距離をおくなど、さっそく行動に移してみましょう。

「はっきり言ってストレスの何者でもない」と感じる関係を見いだしたなら、「あ、ごめん、その日用事がある」とか、「ちょっと最近、忙しいから、またこっちから連絡する」とすればよいでしょう。ウソも方便としてしまいましょう。

しかしながら、これまであなたに頼りっぱなしで、あなたの心に土足で踏み入るのが当たり前と思っているような人というのは、こんなとき、「え？　どうして？　何があるの？」なんて、すんなり引き下がってくれないことが予想されますよね。

このタイプの人は、こちらが大人のマナー、暗黙の了解で、やんわり距離をおこ

うとしていることに気づかず、ズカズカと押し入ってくるんですね。

そこでひるんではいけません！　そこでアクセルを踏むのです！

これまでは、相手に巻き込まれて「これこれの用事が入っちゃって」など言い訳したりして、ゆるしてもらうことが常だったかもしれませんね。

しかし、これからは、「自分の面倒を一番にみるのは当然！」と心して、「だからこっちのことで用事があるのよ」など、さらりと応え、言い訳がましくしないこと。「欠席届けじゃあるまいし。なんでいちいち言い訳しなきゃならないの！」ってくらいに、**強い気持ちで、自分の自由を守ってあげるようにしましょう。**

ちょっと勇気がいるかもしれませんが、そこを突破すると、感情免疫力はぐんと高まります。ズカズカ入ってくる人の中には、心の距離感の取れない依存的な人もいますから、怖がらずに試してみましょう。また、平気で入ってくるさばけた人に対しては、平気で言えば通じる場合も多いものです。結果、「なーんだ」こんなに簡単なことか、という経験につながるはず。これが幸せにも自信にもつながるはずです。

受・想・行・識というステップ

同じことを言われても、受け取り方によって、落ち込む人、怒る人、喜ぶ人などなど、反応は様々ですよね。

様々な反応が言動となって相手に発せられるので、その結果もまた様々ですよね。

たとえば、「あなたって変わってるね」と言われたとしましょう。

Aさんは、《けなされた》ととらえた。それが原因となり結果、《落ち込む・黙り込む》という反応をした。相手はその反応を受け取った結果、「何でそんなことで落ち込むの」などと非難するかもしれません。そして、Aさんは、さらに落ち込むという悪循環を経験するかもしれません。

また、同じ「変わってるね」に対して、Bさんは、「バカにされた」と受け取り、怒り出し、けんかに発展するかもしれません。

Cさんは、ほめ言葉ととらえ、「ありがとう！」と言うかもしれません。

Aさん、Bさん、Cさんは、同じ言葉を受けたのに、それぞれ違う思いのフィルターを通して受け取った結果、三人三様の反応に出て、まったく違う結果を導き出しているのがわかりますね。

私たちが日々、ハッピーな結果をできるだけたくさん作り出そうとするとき、大切なポイントは、このときの因果関係です。

《受けた》結果《思い》となり、その結果《言動》に発展し、さらにその結果、良かった悪かったなどの《認識》に至ります。

「すべては偶然ではない」といわれるのは、このようにすべて、「原因あっての結果」の連続。因果関係で成り立っていることを意味しているのですね。

このステップを、私が提唱しているサラージメソッドでは「受《じゅ》・想《そう》・行《ぎょう》・識《しき》」と呼んでいます。

「よい想」には「うれしい結果をもたらす行」がついてくる

「受・想・行・識」は、般若心経というお経の中に出てくる四文字です。

毎日、「今日もいい日だった」と思えることは幸せなことですよね。

先の《受・想・行・識》でいうと、「よかった」という認識に至ることがたくさんあれば、「今日はよい日」となり、その積み重ねが「よい人生」となるわけですよね。

ですから、**好ましい結果を得るには、《受》に対して、どのような《想》で、どのような《行》を選択するか、ということが最重要ポイントとなります。**

「今度、どこどこ行くの」と、こちらが楽しみにしている話をするとき、Aさんはポジティヴに話を膨らませて「楽しんできてね」と言ってくれたのに対して、Bさんは、「どこどこって言えば、これこれで酷《ひど》かった。もううんざり」などと、それ

に関連する懸念や不満の話になってしまう、というような経験ありますよね。

これこそが、AさんBさんの《想》と《行》の違いなんですね。

でも、私たちも、気をつけないと、《想》で自動的に何かとネガティヴなこと、たとえば心配や過去にあった苦痛について話してしまうことはありそうですね。

非意識の自動思考パターンを野放しにしてしまうと、同じパターンの《受・想・行・識》で、一事が万事似たような結果を招いてしまうことになるので要注意です。

そこで、ポイントとなるのが「意識」です。

《受》に対して起こりつつある気持ちを意識的に知覚することができると、どんな《想》に関連づくのか、それによってどんな《行》を発することになるか、自覚できるようになります。非意識領域について覚醒できるようになるわけです。

そうすると、いよいよ、意識という道具をじょうずに使って、よりよい《想い》を選び、意識的に好ましい結果をもたらす《行い》をすることができ、「よかった」という認識をたくさん増やしていくことができるようになるのです。

どんどん幸せが広がる「気持ちいい」言葉ぐせ

「よかった」「最高」「ハッピー」といった、ポジティヴな結果を多く増やすために、ポジティヴな言葉ぐせを心して習慣づけると、《想》と《行》を塗り替えるのに効果的です。

レストランでお食事しても、おしゃべりに夢中になって、お料理を味わい「おいしいね」とか、お洒落なインテリアについて「素敵ね」などと言わずじまいだった、ということはありませんか。

よい結果のために《想》と《行》をポジティヴにしようとするとき、ポジティヴな《想》の材料、選択肢を増やしてあげることが必要な場合もあります。そのためには、**五感を最大限に働かせてよいものを探し、心地よい感覚を増やしておくことが大切です。**そして、これに有効なのが言葉の練習です。

バスタブにつかったとき、「ああ気持ちいい、気持ちいい。最高最高、ありがとう」。

美味しいものを、たっぷり味わい「あ〜、美味しい。幸せ！」。

お花に顔を寄せて「あぁ、いい香り！」。

やさしさや親切を受けたとき、「やさしくしてもらって嬉しい、ありがたい。今日はいい日になりました」。

ひとりでいるときに大いに練習し、自分自身に快い感覚を伝えてあげます。

するとこれまで、バスタブで自動的に出ていた《疲れた・最悪》などの言葉や思いは、《気持ちいい・ありがとう》と直結されるようになります。

《疲れた》→《今日も最悪》→《明日もイヤだな》などとマイナスに連なり広がっていた思考は、《気持ちいい・ありがたい・癒される》→《今日も自分にありがとう》→《今夜はゆっくり明日もいい日にしよう》などと思考もプラスへ広がっていくようになります。


「気持ちいいね」「嬉しいね」「楽しいね」「味わっていいよ」「受け取る価値があるよ」ということを、教えてあげる。たくさん言葉にするよう心がけましょう。

いっぱいいっぱいなときのオススメ「思考整理の書き出し法」

困った困った、と心で思う。ああ、何をどうしていいのやら…、と。

今日一日、あるいはこの先しばらく、あれこれやることが多くて忙しくなりそう、というようなとき、その気ぜわしさだけで混乱してしまうという人もいます。

ここで感情免疫力が低いと、そんな混乱状態に陥りかけている自分にパニックになってしまい、結局悩んだだけで何もせず一日が終わっちゃった、なんてこともあるかもしれません。

そんなときは、書き出してみましょう。

すぐに「どうしたらいいか」について考え、書くのではありません。

1. まずは、引っかかっていることや困っていることは何か、あるいはどんな選択肢のなかで迷っているかなど、まずは「混乱」を目の前に書き並べてみるのです。

2. 次に、書き出したものに対して、そこに「優先順位」なり「そのための実際行動」なりを確認し整理していきます。そうすると、何をどうすればよいかが見えてきます。

時間的な優先順位が大切か、好き嫌いで決めればいいことかなどについて、思考が合理的に働き、問題もクリアになってくるはずです。

3. 必要ならば、新たに、もう一枚の紙を用意して決定事項を書いておきます。

なぜか悶々《もんもん》としているとか、何がストレスになっているかわからない、という場合も、ここまでのレッスンで自分の中の感情と向き合う準備ができてきたはずですから、「では欲求不満について」とか「不快感について」などお題を決めて書いてみるとよいでしょう。

書くということは、視覚的に向き合うことができるので、思考の整理に有用です。

頭の中が混乱しやすいと、行動も現実も、人生も混乱しやすくなってしまいます。感情免疫力が高まり、自分と向き合い整理するのも上手になると、結果、人生がうまくいくようになるのです。

「どうなりたくないか」ではなく、「どうなりたいか」で、ストレスゼロを目指す

この本を通して、今私たちは、自分の味方になり自分を愛し、ストレスゼロを目指して、さらにハッピーになろうとしているところです。

ストレスを減らすのは、まず借金を返すようなものと述べましたが、借金を返し終わったら、何のためにどれだけ貯金したいか考え、動き出しますよね。

私たちの潜在能力は無限の可能性があるといわれています。その潜在能力を存分に利用するには、「どうなりたいか」が心に描かれていることがとても大切です。

ポイントは、「どうなりたくないか」ではなく、「どうなりたいか」です。

つまり、「もうストレスで苦しみたくない」ではなく、「ハッピーに笑顔になりたい」というふうにです。

なぜなら、私たちの潜在意識は絶えず私たちの思いを、ピクチャライズして受け取っているから。思いは映像化されるからです。

つまり、**私たちの思いはその都度、絵の描かれたカードのようになって、チラリチラリと潜在意識に読み取られているのです。**

ですから、「もう《失恋》して《泣き》たくない」と思えば、《失恋》&《泣き顔》がピクチャライズされます。「《借金》で《苦しみ》たくない」。これも同じですね。絵ですから。イメージですから。

だから、「どうなりたくない」ではなく「どうなりたい」といつも考える、言葉にすることが大切。「素敵な恋愛をして、最高にハッピー。笑顔で満足でいたい」とこんなふうに。

そこで、ただ考えるより、書き出すほうが、たくさん出てきますので、書き出してください。また、「なれるかどうか」については質問していませんから、「どうやって？」とは考えないようにすることも大切です。

無責任に行うので結構です。欲望の力を強化する脳トレのつもりで行いましょう。

事例①

いじめられやすい「言えない人」

モラハラ、パワハラも含めていじめられやすい人って「言えない」人なんですよね。

職場でのパワハラに悩んでいたAさんも「言えない人」でした。背景にはやはり逆ギレする親の存在があって、感情も言い分も溜め込むタイプでした。

相談にやってきたAさんに私は、イメージ療法で相手に感情を思い切りぶつけて、言いたいことを大声で伝えるように指示しました。

はじめは、「えーと……やめてください」などと、もじもじ小声で表現していたAさんでしたが、そんなAさんに私は「そんな小声では状況は変わらないわよ！大声出しなさい！」と拍車をかけました。

意を決したようにAさんは職場でAさんを標的にする上司に向かって叫びました。

「バカやろう！　私がおとなしいからって私ばかりいじめるんじゃない、この卑怯者！」

Aさんは号泣しはじめました。

私は、それでいい、といい、続けるように言い、Aさんは続けました。

「私は理不尽な思いをする気はありません。ただちにやめてください！」

「もう私はあなたの言いなりにはなりません！」

翌日Aさんから「奇跡が起きました」とメールが。

そうです、長年苦しめられていたあの上司の態度がガラッと変わったというのです。彼女は何も、本当に上司に向かって、「やめてください」と言ったわけではありません。

とても不思議そうに喜んでいたAさんでしたが、これは不思議なことではありません。

「言えない」のと「言わない」のとでは心が違います。その人から醸し出されているオーラや波動といったものが変わったので、それが見えないレベルで上司に届き現実も変わったということに他ならないのです。

彼女は「言えない人」から「言わない人」に変わっただけ。それだけで、その人から醸し出されているオーラや波動といったものが変わり、それが見えないレベルで上司に届き現実も変わる、ということがあるのです。

3章

もっとラクに、もっと自由になれるコツ

——あの人が不機嫌なのは、あなたのせいじゃない

自分の欲求に遠慮しないこと

「自由にしていい」ときにも、どこか遠慮することはありませんか？

今日も幸せだった、という結果《識》の日々を積み重ねていくのがハッピーな人生。これからは、不要な遠慮ははずし、もっと自由になりましょう。

「基本的に他者に迷惑かけなければ自由なのだ」と心して行動しましょう。

東洋では、遠慮、控えめ、謙遜などは美徳とされますから、お行儀良くしていないと恥ずかしい、嫌われるなどの恐れもあるかと思います。が、そのぶん、自由にやって得している人のことを「ちゃっかり」と悪く言う傾向があったり、他人が見ていないときは、はしたない真似を、という人も少なくなかったり。

親の姿から、自分の考え方や言動など、そのあり方を身につける子どもに、そのように内外での言葉や行動に矛盾ある姿を見せることは好ましいことではないとも思います。また、他人をちゃっかりなどと言うくらいなら、親が自由にやって満足になって、人のことも快く思い話題にする姿を見せてあげたらいいのにね、と。

ということで、これまで「恥ずかしい」とか「悪い」ということで、控えていたことがあれば、店員さん相手になど、ハードルの低いところで練習しましょう。

レストランで食後にと頼んだデザートを別のものに換えてほしいとか、何かを買ったらちゃんと操作法を教えてもらいたい、など、《受・想・行・識》を思い出して。お布団に入るとき「やっぱりあのとき、ああしておけば」と心残りについて思い出すことなく「今日もいい日だった！　満足！　ありがと」と自分自身に言えるようにしたいものです。

深呼吸と意識の矢印で、**「今ほんとうは……」という欲求を感じたなら遠慮せず、即、それを「自分自身に与える」。こうして日常の小さな欲求を叶えるのです。**

その力が、願いを叶える成就の力になります。自分自身が動いてゲットすべきものは、自分が動く。謙虚さの仮面をかぶって、届けてくれるいい人をあてにするのは他力本願。受身をやめて主体的に、自由に自分に満足を与えましょう。

自分自身に「与えられる人」は、神から宇宙から「与えられる人」なのです。

「どっちでもいい、はもう言わない」をルールにする

いつも人にビクついている人や極端にお人よしの人に限って、イジメの対象になり、悩んでいることがあります。

また、性格的に明るく友達の多い人でも、周囲への思いやりが過ぎて、「八方美人」「優柔不断」と非難されて傷ついたり、「自分がない」と悩んだりすることがあります。

そんな問題を解消するための、シンプルな練習をひとつ。

「どっちでもいい」と言わないよう試してみてください。

シンプルですが、パワフルです。

先のタイプに当てはまらない人でも、受け身から脱し、主体的に思いを叶えるパワーを強化するのによい練習になるはずです。

これまでは、好きな誰かと行ければ、何を食べるか、何をするか「ほんとうに、どっちでもよかったんですもの」というのがあるかもしれませんね。でも、「では、それを一人でするとしたら？」

やはり、決めるのは自分ですよね。

「どっちでもいい」人は、人まかせな部分もあったと認めざるを得ないのです。ほんとうの自分がわからないとか、ほんとうにしたいことを見つけたいという人も、たいていの場合、「一番したいことは後回し」ということが多いもの。

人生も、目的や目標が決まると動き出します。

目的設定のために欲求に目覚めるということがモチベーションやエネルギーになります。

「『どっちでもいい』は言わないルール」にすると、結構困ります。結構、考えなければなりません。欲望を考え出す。それが、貴重な脳トレなのです。

傷つく心、嫌だという心にフタをしてはいけません

子どものしぐさが可愛いので、大人がつい笑ってしまうようなとき、その子どもがたちまち不機嫌になることがあります。これは、性格や個性の表れのひとつで、子どもなりの「自尊心」がある証拠ですね。

私たちにも同じように、相手に悪気がないとわかっていても、「天然」「のろま」「おっちょこちょい」「せっかち」などと笑われて、どこか口惜しいということがあったりしませんか。

《受・想・行・識》で説明したように、とらえ方の問題だから、とらえ方をポジティヴに、という方向でとらえる改善も大切です。が、そうしたうえで、やはり「嫌だ」とか「傷つく」というラインが出てくるものです。それが個なのだと思います。

つまり、**人がどうであろうが、普通がどうであろうが、「この私は」、傷つくんだ、嫌なんだ、というのはあるわけで、それがあるがままの個性ということです。**

しかし、かといってただ怒るのはよい結果を招かないだろうし、その前にそんな度胸もない、ということになるでしょう。

そんなときは、ユーモラスに「それって失礼よ！」とか「口惜しいわ」、「恥ずかしいから言わないで」などと伝えるという手があります。もちろん、ストレートに「自尊心が傷つくんですけど！」なんていうのでもアリでしょう。

自尊感情以外にも、「どう考えても、その言い方はひどいんじゃないかな」というときは、「その言い方はないんじゃない？」とか「それは傷つくよ」「悲しくなってしまいます」などと伝えてみてはいかがでしょうか。

これらは、喜びや感謝を自然に表現するのと同等のレベルに、私たちが引き上げていくべきではないかと、私は考えているのです。

ただし、はじめのうちはこのように即座に反応できるとは限りません。1章での「不快を感じる」「感情に共感する」などを、よく行っておくことが大切です。ひとりでいるときには、声に出してみるとこうした応用段階で役立つはずです。

怒りや憤りには上手な伝え方がある

怒りを抑圧している人は、「怒り」に対する感情免疫力が低く、「普通怒るでしょ！」という場合でも怒ることができません。同時に、怒られることを過度に気にし、絶えず相手を怒らせないようにしているものです。

相手が間違っていても怒りを抑えます。またお互い様のことで相手が怒ることに対しても異常に怯《おび》えて、衝突を避けようとするので、気を遣いすぎ苦しくなりますし、関係も長続きしなくなってしまいます。

たとえば、友人のAさんから「Bさんにはまだ言わないで」と言われたので、Bさんから確かめられたとき「知らない」とウソをついた。ところが、その時点ですでにAさんはBさんに伝えていたので、自分がとぼけていたことをBさんから非難された。こんなとき、Aさんに対して腹が立つのは当然でしょう。

健全な感情関係を保っている人に言わせると、（Aさんに対して）「なんで怒らないの?」ということになりますが、「ちょっとどうなってるのよ!」と怒鳴り込むことはおろか、Bさんの誤解をはらすこともせずじまい、ということがあります。

極端な場合では、それが講じて引きこもりや対人不安に至ることもあります。

少しずつでよいですから、正しいことは正しいとして、気持ちも一緒に伝えるようにしてみませんか。

このケースならば、Aさんに対して、次のように伝えることができるでしょう。

●「あなたに頼まれたからBさんにウソをついた形になったけど、伝えたなら連絡してほしかった」

●「Bさんに誤解されてしまって、私、腹立たしい気持ちでいっぱい。そういうこと二度としないで。こういうことがまたあるなら、おつきあいできないから覚えておいてね」

●「Bさんともこれから気持ちよくつきあっていきたいので、私とBさんの前で説明してもらえるかな」

自然な怒りの感情を味わい共感することを土台とすれば、必ずうまくいきます。

落ち込むことがなくなる「お手紙ワーク」

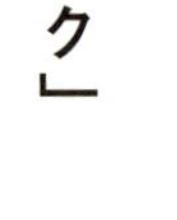

色々な感情や道義を犠牲にすることなく、その場で伝えられればベストですが、ちょっとハードルを下げて、「お手紙のワーク」をしてみたいと思います。

もしも、現在、理不尽な思いをしているなどで、同じ人物に対して長い間悩んでいることがあるとか、最近の出来事でその場で言えなかった、ということがあるなら、「お手紙ワーク」で力をつけていきましょう。実際に出すかどうかは別にして、正直な気持ちを手紙にまとめることで自分の気持ちを確認し、表現してみるのです。

伝えたい心の声を、上手に綴《つづ》ることができるようになることは、その場で言語化することの練習になりますし、落ち込みやすさへのセラピー効果もあります。かなりパワフルですので、その手紙は出さなくてもよいですから、ぜひトライしてみましょう。

自由に書くのが一番ですが、以下、ポイントを整理しておきます。

●はじめに手紙の目的を告げる。（例：「わかってほしいことがあって」とか「お願いしたいことがあって」などと切り出す。すると相手を構えさせない。）

●「あなたは」を主語に相手を攻撃、非難する表現は避け、「私は」を主語に、気持ちや考えを率直に書く。（例：×「あなたは、残酷な人間です」↓○「私は、みんなの前で恥をかいたことが悲しかった」など。）

●感情を明確に、極端に被害的な表現にならないように。（例：×「ショックであれから眠れなくなりました」↓○「実はあのときとても悲しかった」「考えると眠れないときもあったほど」など）

●リクエストがあれば明確にする。（例：「できたら、これからはもう少しこうしてほしい」「これからはこうしないでほしい」など。してほしいこと、してほしくないことを明確に。）

●最後に、必ずお礼を伝える。（例：「最後まで読んでくれてどうもありがとう」など）

自分自身への気づきも深まりますし、感情免疫力の強化にもなり、またここぞというときの発言力にもつながりますので、時間を作ってぜひトライしてください。

「楽しむための小さな冒険」をたくさんしよう

カップルの彼氏から、彼女について「なにせ慎重すぎて息苦しい」と相談を受けたことがあります。穏やかな性格で平和なのだが、性格がきっちりしすぎていることに困っているのだといいます。

「たとえば、車でのデートの帰り道、『あそこ寄って帰ろうか』ってこと、あるじゃないすか。もう全然ダメなんすよね。今日はそんな予定じゃないし、って」

「あと、レストランとかも、同じところばかり行きたがるんですよ。こっちは、え？　またそこ？　みたいな。色んないいところへ行ってみたいじゃないっすか」

この彼女のような場合、パターン化された同じ行動をしないと気がすまないとか、物の配置などきっちりしないと気持ちが悪い、定番のもの以外は使わない、言ってみればクソ真面目で脅迫的。それがたたって、白黒ハッキリ、遊びやグレーゾーンがゆるせず、取り越し苦労の心配性、というタイプなはずです。

でも、もちろん、それは裏返せば、何事にも正確で丁寧、堅実にコツコツ努力することができる。慎重なだけに攻撃性は低く、温和なやさしい性格となります。

当てはまる人は、「楽しむための冒険」をできるだけたくさんするとよいでしょう。

日常での、イレギュラーな経験、小さな冒険を、楽しんでみるようにすると、感情免疫力もハッピネスも一緒に広がります。

いつもと違うシャンプーを試してみる、という小さな冒険。

いつもと違うルートで違う景色を見ながら歩く、という小さな冒険。

いつもと違うスタイルの服装や髪型を楽しむという、小さな冒険。

人生は、楽しむためにある。どう転んでも、楽しめばいいんだ、という経験を小さなことからたくさん広げていくのです。

「楽しみどころ」と「こだわりどころ」のメリハリで才能も輝きだすはずです。

「機嫌の悪い人」は、あなたのせいじゃありません

「人の顔色が気になる」「相手の機嫌に振り回される」ということが多いタイプではありませんか。その必要はありません。

他者の感情の面倒まで見る習慣を改めていきましょう。

相手の機嫌に振り回されがちな人は、人の感情に自動的に同化してしまうところがあります。非意識に他者の感情に巻き込まれ、自動的に不機嫌の立て直し役を買って出てしまうものです。けれども、**他者がなにをどう受け取って、どんな気持ちになるか、ということは、その人自身のものであり、私たちの所有物ではありませんよね。**

子どもにとって、家庭というのは安全な居場所であるべきです。ですから、《親が笑顔で安定した感情のとき》イコール《安心で居心地のよい心の環境を確保できる》と関連づけます。親がいつ不機嫌になるかわからないというような不安定な情

緒の持ち主だったりすると、居場所が安全でなく、心は不安を感じるわけです。

そこで、《親の機嫌をとる》↓《それに成功すると、安心を取り戻すことができる》そういった情緒関係が習慣づいているので、大人になっても、《人の顔色の良し悪し》と《自分の心の快・不快》とが関連づけられ、一体化してしまう。それなので、いつも他者の顔色が気になりますし、ご機嫌の雲行きがあやしくなると、非意識に心がむずむずしてきて、相手の機嫌の面倒をみて、笑顔を引き出すような立ち回りしてしまうというわけです。

そのようなときは、感じる不安も自然として味わってあげましょう。

そして、自分自身へ、「だいじょうぶ、だいじょうぶ」「安心していていいよ」「人の感情の面倒までみることないからね」と言葉がけをしましょう。

言葉がけで心に隙間を与え、その場を「しのぐ」ことができると、旧来の自動パターン的な行動を保留にでき、他者との感情にも隙間ができます。この隙間が、他者と関係において、健全な心の距離となるのです。

気持ちも人生も、自分で選んで、決める

そのときどきの感情とは、実は、非意識に、その人自身が選択しているものです。「怒りたくないけど怒っちゃう」といっても、実のところ、本人が「怒る」という感情に、手を伸ばした結果なはず。これが、《受・想・行・識》の想の部分。旧来の非意識の自動反応の部分ですね。

怒る以外にも、《悲しんでいるときだけは》→《優しくしてもらえて》→《安心・愛・安全が得られる》という旧来の非意識パターンで《苦しみ》と《安全》がワンセットのままでは、心は安全を求めて古巣に戻ろうと旧来の《受・想・行・識》に走ってしまいます。

ここに気づいて、意識という道具を自由に使えるようになることができたら、最高にハッピーになります。なぜなら、他人次第の受身の幸せを期待して、失望するのではなく、みずからが人生を操縦できるようになるからです。

自分の人生の方向は、本人が決めてよい、いいえ、決めなければはじまりません。それと同じく、気持ちの方向も、本来、自分自身が選択すべきものなのです。

だから、「させられている」という受け身で、その権利と自由を手離してしまわないように注意しましょう。

このことを、今まで誰が教えてくれたでしょうか。

同時に、他者の感情やあり方も、「ご本人様のもの」として尊重します。

どんな機嫌でいることも、どんな気分でいることも、持ち主の自由。そして責任。人はみな、どんなときにも、幸せになる権利と自由があるのです。

《受・想・行・識》のこれまでのパターンで、「このままいくと」というのが予想されたら、《想》を変える。「じゃ、今どんな気分でいたい？」と、今度は、共感から、単純になりたい気分に手を伸ばす。ここで自由意志を意識的に使えるようになると、世界が変わります。

あなたが変わる結果です。「自分が変われば、すべてが変わる」なのです。

相手の不機嫌に対応する、保留の術

相手が不機嫌になったときこそ、新パターンを試すチャンス。「保留の術」を行い、力をつけさせていただくことにしましょう。

気持ちに共感し、しのぎつつ、自分はどうありたいのか、しっかり決めておきます。このとき、相手はいつものように機嫌の立て直しをしてもらおうとして、わざと、乱暴な物音を立てたり、聞こえるように独り言を言ったりしてくるなど、旧式パターンでアピールしてくることと思います。が、そこで乗らないこと。旧来の、相手の機嫌の面倒をみるという《行》に発展させないように、ここで踏ん張って「保留」にするようにします。

この間、言葉がけをするとか、心の中で鼻歌でも歌うとか、自分のしたいことを淡々とするなどして、何しろ無関心を装う。ある意味無視するのです。その場から離れてみてもよいでしょう。

その相手は、あなたがしてくれていたから、自分の力を使おうとしていなかっただけかもしれません。あなたに力があるように、その人にも力があります。また、あなた自身の感情に耐え切れず、「そのまま」にしてあげられない心があるがゆえに、相手の感情に手出しししていたとも言えます。

いずれにしても、私たちの感情は、一日のうちに相当上下するものですし、お天気や体調、出来事などからの影響や、とくに女性は生理周期などもあり、毎日揺れ動いています。それらを気にしすぎて、どうにか手を打とうとばかりすると、悪循環に苦しむことにもなりかねません。

ところで、パニック障害で救急車を呼んでも、病院に着いたころにはたいてい落ち着いており、死亡報告というのは皆無だそうです。またパニックに襲われるのでは、という予期不安に恐怖をあおられてしまうのですが、ここでも「保留」が役に立ちます。

どんな波も、そのうちに静まるものなのです。

後に触れますが、この「保留の術」、不動心、平常心を得るうえでも、自己実現を果たすうえでも、とても大切な心の力になりますので、応用してよく養いましょう。

ふだん会話で鍛えられる、感情免疫力

会話中の自分を見直し、新たなパターンを取り入れることで感情免疫力をさらに鍛えていきましょう。

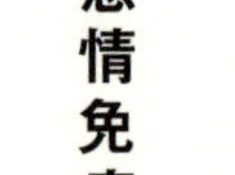

●手助けしない

相手が言葉を探しているようなとき、手助けしようとして口出ししてしまうことのないように、深呼吸して相手の言葉を待ちましょう。

●結ばない

話を受けて「じゃ、こうだったんだね」「こうするといいね」など結論づけないようにする。「それで?」と相手からの結びを引き出してみましょう。

●入力と出力を意識する

会話は、入力（聞く）と出力（話す）で成り立っています。回転の速い人は入力中に次の出力について思考し、お手つきすることも多くなります。入力のときは入

力、出力のときは出力、と意識してみましょう。

●間を空ける

会話が途切れる「間」を非意識に恐れて、言葉で埋めることのないように、深呼吸で「間」を大切にするようにしましょう。

●はりあわず肯定してみる

些細なことで張り合って不快になることが多い場合は、「そうかもね」とあいづちを打つようにしてみると、相手も張り合ってこなくなります。

●簡潔に答える

言い訳がましい気持ちが先走らないよう、聞かれたことにだけに答える。たとえばとりあえず、イエスかノーかで答えられることなら、それだけにするよう意識してみましょう。

以上は、絶対守るべきことというわけではありません。会話中こんなことを意識してみると、自己観察や悪循環の防止に役立つはずですので、試してみてください。

会話が苦手な人がチェックすべき5つのこと

会話が苦手だということで悩んでいる場合、自己評価が低かったり、苦手意識が余計な緊張をもたらしたりする場合があります。次のアファメーションを繰り返し、心の定義を変換させましょう。

「互いに、理解しあうことは安全でよいことです」
「私の意見は喜んで聞き入れられます」
「私は、私の意見を聞き入れてもらうことを、私自身に許し受け容れます」

次の事柄もチェックすると、会話も感情免疫力もレベルアップするはずです。

●言葉がぶつ切れで、語尾は伸ばし気味ではないか

相手が非意識に歯がゆさを覚えて、あなたの話を手伝ってくれる意味で、話を横取りされることがあります。途中でやめたり、途切れさせたりしないよう、ゆっくりでもよいのでスムーズに話すよう意識してみましょう。

●語尾まではっきり伝えているか

「だから?」の部分まで伝えきるようにしましょう。「これこれで…」のそのあと、「なので、こうしてもらえると助かる」など、結論まで伝えきるようにしましょう。

●言葉を言葉通りに受け取っているか

心がビクついていると相手の言葉を攻撃的にとらえてしまいます。何か聞かれただけで、意見や欲求を引っ込めたり、言い訳がましくなったりしないよう、言葉は言葉通りに受け取り、正直に答えるよう練習をしましょう。

●確認しているか

ちょっとキツイと感じたときは、即座に意地悪されたとか批判されたと受け取らないよう「どうして?」と聞き返し、その意図を確認するようにしましょう。

●聞き上手になる

気の利いた話題を提供するより、うんうんとうなずき、聞き上手になりましょう。

緊張する自分を少しだけラクにするコツがあります

人前であがってしまう人は、周りから「気にしすぎだよ」などと言われても、緊張は消えず、その悩みは切実なものでしょう。

次の対処法で、悩みは解消されるはずです。繰り返してみてください。

●緊張は《うまくやりたい》という欲求の裏返し

《期待と不安》が表裏一体であるのと同じく、欲求が強いほど緊張も高まるもの。もちろん、うまくやりたいという欲求は悪いものではありません。

●緊張の感覚を《共感》する

緊張したときは、緊張を消そうとせず、口角を上げて深呼吸しながら、「緊張しているね、よしよし」「それほどうまくやりたいんだね」「失敗するのが怖いんだね、だいじょうぶ」「それも自然だよ」など、緊張という不快感をじっくり味わい心に広げ、外へと解放するようにしましょう。

●《とらわれ》が強い自分を認める

《うまくやりたい》という欲求はほかの誰にもあるものです。ただ自分がこれほど緊張するのは、その欲求にとらわれているのだということを理解し、認めてしまいましょう。

●《トラウマ》が影響しているとの自覚がある場合

《失敗してはならぬ》との思いが余計に緊張をもたらしています。心の自分に「失敗してもたいしたことにはならないよ」「一緒に恥をかいてやるからな。安心していいぞ」と、自分の味方で言葉がけし、胸を撫でてあげましょう。

●《60点主義》で、自分をほめる

緊張をしつつも、実際行動ができたなら、「じゅうぶんよくできた」とほめてあげましょう。不足をつつき自分にダメ出しするクセも正していきます。

心に緊張があろうがなかろうが、実際行動ができれば、それでいいのです。

心はそのままに、すべきことの60点を目指すことにしましょう。

他人の気持ちばかり考えてしまう人の、心の強化訓練

感受性が強すぎて、ニュースを見るのも、国民的ホームドラマを見るのも苦痛、という人もいます。そういう場合に限って、残念ながら、勝気な人や競争心の強い人、感情的な人に悩まされていることも少なくありません。

そして、そういう人の多くは、子ども時代、親の機嫌に怯えていたことから、人が立てる物音にさえ敏感で、その都度「何か悪いことしたかな」と気にしたりします。

そんな見えない感情的圧力に打ち勝つための、とっておきの感情免疫力強化法があります。

個人セッションで提案することも稀《まれ》な奥の手なのですが、バイオレンス映画や格闘技を観てみることです。もちろんＴＶやＤＶＤでＯＫです。

多分、そういった人は、暴力的な映画や格闘技は苦手だと思います。が、それは、

これまでは自分が「やられる側」の立場で観ていたからです。

そこで、やられる側でなく、あえて「やる側」の立場で観てみるのです。

格闘技はハードルが高そうならば、ドラマなどでもよいでしょう。

ここでは、暴力や争いがいいとか悪いとかそういうことは考えずに、感情免疫力アップのひとつの教材として観ることにしましょう。

これまでやられっぱなしだった心が、これまでの攻撃や圧力に対して、「やり返してやっているんだ！」という気持ちで、やる側の視点で観ていきます。

恨みや憎しみがあると自覚しているならば、そういった過去に、「強く抵抗する」「反撃する」という気持ちで見るようにしてよいのです。これは、あなたが暴力的な人になることを意味してはいません。これは、セルフ・セラピーのようなものです。その意味で、世の中には、色々な癒しの材料があるのだと思います。

なにしろ、これまでは、やられる側の気持ちに自動的に同調してしまっていたことと思いますが、そんな**被害的な立場から抜け出す意味で、ドラマや映画を利用して、押し返しの力をつけると、心の癒しと強化が一緒にできるはずです。**

もう、他人の顔色に左右されません

感情免疫力が低いと、他者の様子に敏感です。

それなので、相手はただ疲れたと感じ黙っていただけというようなときや、口にするほどではないけどちょっとムッとしている、という姿を見ると、心がざわざわしてしまいます。

ところが、面白いことに、そういう人に限って、人に対しても不安や不快を与えないよう、疲れていても無理したり、不満や疑問が生じても表情に出さないよう極端に気を遣ったりすることがあります。言い方を換えると、自分を偽っているということであり、むしろ不自然であるということになります。

自分のマイナス気分にも共感でき受容できるようになると、人の自然な様子にもより安心していられるようになると同時に、自分自身もより自然でいられるようになります。

《疲れているから黙っている》イコール《不機嫌》というわけではありません。《ムッとした表情》イコール《関係が悪くなる》というわけでもありません。

気分にも日内変動の波はありますし、身体が休憩したいときもあります。

雲行きが怪しくなったら一巻の終わり、危機的なことが起こるとか、関係にヒビが入り破滅するというわけではありません。

また、「非言語コミュニケーション」といって、言葉以外の以心伝心もあります。

「疲れているんだな」と思ったら「放っておいてあげよう」でいいですし、こちらも、「ちょっと腹立ってるからね」というのを態度に出してもいいことにしましょう。

このように、より広い心身の揺れ幅を、自他にゆるすことができると、関係の幅もゆるやかに、自然なものへと広がっていきます。

安心した関係や仲良しというのは、ケンカもできて仲直りもできるもの。

自然でいることを自分にゆるすと、他者の様子に一喜一憂することもなくなり、そのぶん、自分自身も関係もより健全でらくちんになっていくのです。

事例②

ほんものの「平常心」を手に入れる

心の軸をしっかりしたい、とか、平常心、不動心を得たい、とよく相談されますが、それらは感情免疫力が高まれば解決できます。

ある男性のケースですが、彼は自分に自信をつけるために平常心、不動心を養いたいということで相談に訪れました。

けれども、よくお話を聞いてみますと、彼のイメージする平常心、不動心とは「心が微動たりともしない」というものでした。

私は「心というのはいつも揺れ動くもので、それを無理やりぴたりと止めることが平常心、不動心ということではなくて、その揺れ動きに私たち自身が『圧倒されない』、やみくもに『動揺しない』でいられることですよ」と説明しました。

真面目な彼は、「悔しがっては情けない」「恥ずかしがってはみっともない」「嬉しそうにしてはカッコ悪い」などと生き生きとした感情を封鎖することが平常心、不動心だと勘違いしていたのです。

私とのセッションではイジメにあっていた子ども時代の悔しかった悲しかった経験や恥をかいたエピソードなどに関する感情を解放する心理セラピーを行いました。それと併行し、日常ではその時々の感情を感じ、受け容れ、素直に表現するよう訓練していきました。

その結果、「真面目一本槍で職場ではどこか蚊帳の外」といっていた職場での関係がよくなり、また仕事の成績も伸びました。

失敗したら悔しがるのは自然、お叱りを受ければしばらくドキドキするのも自然、恥ずかしければ恥ずかしがってもいい。彼はそうしたあり方を身につけたことで、本当の意味での平常心、不動心を手に入れることができたのです。

4章

心を整える、暮らしの習慣

――クリアな生活空間は、人を変える

よいエネルギーの通る部屋をつくりましょう

部屋がちらかっていると、それだけでストレスになります。

その理由は、まず「ちらかっている部屋」という視覚的イメージそのものがストレスになるというのが、ひとつ。そして、「ちらかっているのに片づけられないでいる無力な自分」を非意識に見せつけられているととらえ、自責したり焦ったりしてしまうことが、もうひとつです。そんな無力感や苛立ちが、自分のことが嫌いという理由になったり、人間関係にも悪影響を及ぼしたりすることあるのです。

そういうわけで、もっと居心地よい、幸せな自分になるために、心地よいお部屋づくりを習慣にしていきましょう。

ストレスを減らすため、というのがここでの目的ですが、実はもうひとつ、とても大切な目的があります。それは、願いを叶える力をつけるという目的です。

お部屋は、あなた自身が自由に扱うことのできる場ですよね。〝100%自由意

志を使ってよい場所〟を利用して、《意志と行動》をつなぎ合わせる習慣づけをするのです。

この意味について、少し説明させてください。

「願望成就」は、「願いが叶う」こと。「思いが叶う」ことですよね。

「思いが叶う」。それは「思い通りになる」ということですよね。

その「思い」を「通す」のは？　それはこの身体ですよね。

だから、**「思い」の通りに「動くことのできる身体」を鍛える**。お部屋の片づけや模様替えで、意志と行動を接続する。「思いを通す力」をつけておくのです。

逆に言うと、それくらい簡単にできることにさえ力を使おうとしないならば、ストレス管理や願望成就も絵空事でしょう。自己管理や目的達成している人のことを「意志が強いのね」なんて指をくわえていなければならないことになります。

ここで、《思い》と《行い》をつなぐ力の使い方を覚えてみると、なんだこんな簡単なものかと、朝起きやダイエット、学習などにもどんどん応用できるようになりますから、まずはお部屋の居心地をよくしましょう。

今まで放置していたモノと向き合ってみます

実際にマイナスから埋めていきましょう。

冷蔵庫の中に、賞味期限切れのものはありませんか？

玄関が靴で溢《あふ》れていませんか？

テーブルの上が物でいっぱい、隙間がないということはありませんか？

お部屋のものにもすべて住所があるはず。出しっぱなしのものを所定の住所におさめましょう。長年使わないものは処分しましょう。

もったいなくて捨てられない雑誌や小物などもあるかもしれませんが、目をつぶって処分しましょう。いただき物などで処分するに忍びないという場合などは写真をとっておくとか、お気に入りの雑誌などはスクラップブックにおさめるのもよいでしょう。

これまで放置しておいた物と向き合うのは苦痛かもしれませんが、その苦痛も自

然。むしろ、その苦痛を感じる力が低かったために、自分の身の置き所をストレスフルなままにしてきたのだと認めてしまいましょう。すると、所定の住所におさまらないという理由で、買い物もセーブでき、節約にもなります。

片づいたところで、クッションやカーテン、ベッドカバーなどを好きな色などに統一したいかな、と見渡してみましょう。

物理的な限度がありますので、絶対的ということではありませんが、自分のお部屋が居心地よく気に入った状態に整え保てると思えることは、自分のことが好き、という感覚でもあります。

また、これからは、すぐ使うから、と思っても、その場で仕舞うよう習慣づけましょう。「あとで」と思うと、やりそびれますから、その場で動くように。この**「その場で動く」ために使うのが、まさに意志力と行動力。これが願いを叶えるパワーになります。**

感情免疫力が高まると、本来備わっていて、本来自由に使うことのできる意志力、行動力も高まってくるということです。お部屋はきれいで、自分のことも好きになり、願いも叶う！　一石二鳥、一石三鳥というわけです。

やり残し感をなくす、時間の締めくくり術

現代社会は、情報化社会で経済社会です。私たちの生活も、それに乗せられているようで、次から次へと、情報も欲求もふくらむ一方です。

また、技術の発展のおかげで、食べ物にしてもスピーディに手に入りますし、使い捨てのおかげで後片づけはますます面倒になります。でも、そんな社会の影響で、私たちは必要なことや大切なことに、時間や労力をかけないようになってしまっているように私には感じられます。

旅行に行っても写真は撮りっぱなし、お世話になった人へのお礼状やお返しもしないまま、などということがあるのがその一例ではないでしょうか。

そのような、やり残し感は、**非意識での心の不快として蓄積され、ストレスや罪悪感となってしまいます。非意識のストレス感を避けようとすると、感情免疫力は低下してしまいます。**

旅行の写真を整理したとき、旅という時間が締めくくられます。

お礼状やお返しを済ませたとき、ご恩を受けた時間が締めくくられます。

そのようなことをするのは、清く正しいことであると私たちの心は知っています。

ですから、そのような行動をすると、自分自身に満足します。

そのような時間を作った自分、その行動をすることのできた自分を認めることができ、そんな自分のことが好きであると思えるものです。心が澄み渡り、瞳もオーラも輝きだすものです。それは、パーティが後片づけも含めてパーティの時間ということと同じです。

「真の時間の締めくくり」に費やす時間は、おそらく長くしても半日。数時間で済むことが多いことと思います。定期的に設けたいものです。

するべき、したほうがいい、と思えることは、善は急げ。行動に移しましょう。

やり残し感なく過ごすことは、豊かで幸せな人生を送る人の、心のたしなみと言えるかもしれません。

お金にアンバランスがありませんか？

カードローンなどの借金が、知らぬ間に膨らんで悩んでいる人とのカウンセリングでよく見られるのは、ご自身が金額を把握していないということです。

実際の数字を見るのが怖い、というのがその理由です。

そのときに味わう恐怖や後悔の念というものを感じることを恐れてのこと。感情免疫力の低さに関わる、ということが理解できますね。でも、それを避けては、また「まあいいか」と、欲に負けてカードを使ってしまうという悪循環から抜け出すことができませんよね。

感情免疫力が高まってくると、非意識に味わう感情を迎え入れる力がつくので、現実を直視する力もそなわってくるものです。

逆にいうと、現実を直視できれば、感情免疫力も高まるようになるのです。

借金返済にしても、夢や目標のために貯金をするにしても、収入と支出のバラン

スを把握しなければはじまりません。

そのあたりを改善したいと考えている人は、一度、収入と支出をそれぞれ書き出してみましょう。

「これではとても返済（貯金）できない」ということならば、それに向き合うのです。そのとき感じる気持ちも自然。その気持ちを安心して感じきれる自分が、お金も扱いきれる自分になるのです。

収支のアンバランスを見いだしたら、恐れたり焦ったりせず、大切な気づきに感謝しましょう。「向き合うことは安全でよいこと」と心に言葉をかけながら深呼吸しましょう。

「こんなに使っていたのかぁ！」と、どっぷり反省してもよいのです。

多少の危機感が、真実に向き合う力につながりますから。

ダイエットなども同じですね。怖くて体重計に乗ってません、ということがありますが、「これが現実じゃ〜！」と現実に向き合うときの苦い苦い気持ちをよく味わっちゃう。現実、事実、真実と向き合うことが真のスタートなのです。

豊かさを導く、お金と仲良くなる方法

返済にしても貯金にしても、目標があるのに「でもなくなっちゃうのよね」となりがちですが、なくなっちゃうってことはないでしょう、使っちゃうんでしょう、ということになります。自戒しないといけませんね。

お店でも「カードで買えますよ」などとよく言われますが、それって、借金すれば買えますよってこと。一時的であってもそうなります。ましてや、現金の持ち合わせがないからカードで立て替えるのと、ローンを組むのとでは大違いです。

●まず、収入と支出の両方を書き出して、アンバランスを見直してみましょう。

●次に、支出をよく見て、何を削るか、書き出しましょう。

ここで、さっきの反省はどこへやら。「でもこれにも使いたい」という欲が出てくるでしょうが、そんな執着はなし！（ダイエットにも共通します）

●最後に、たとえば、交際費は半分に、ファッションや美容にかける費用は三分の一に、タクシー代はなくす、など決行事項を数字で示して確認します。

ここまで確認できたら、節約可能額はあらかじめ通帳を分けるとか、特定の財布や封筒に分けておくという工夫をするのもよいでしょう。

また冠婚葬祭やお返し、お見舞いなど、社会人として必要になるお金も分けて、はじめから「普段は手をつけない通帳」として、別の通帳に入れておくと安心です。

お金に対する苦手意識が、心の定義になっていると、お金や豊かさについて、「太刀打ちできない困難なもの」と心が判断し、成功を避けようとしてしまいますから、

●「お金は豊かな生活をもたらしてくれる、安全でよいものです」

●「私とお金とは、絶えずよい信頼関係にあります」

●「私は、お金と仲良し。お金も私のことを好んでいます」

などの、アファメーションをするようにしましょう。

お金に関する抵抗感、不安感を要チェック

次にあげるフレーズを、それぞれ三回ほどゆっくり繰り返してから、心の中を感じてみてください。抵抗感や不安感があるか、わくわく嬉しい気分になるか、じっくり心を味わってチェックしてみましょう。

A.「私は、お金がたくさん欲しいです」↓（感じる）

B.「豊かな人生を歩むことはよいことです」↓（感じる）

A.「私は、お金が好きです」↓（感じる）

B.「経済的に恵まれることは素晴らしいことです」↓（感じる）

あえて、ＡＢ交互に示してみたのですが、違いがありましたか？

おそらく、Ａでは抵抗や不安を、Ｂでは安心や希望を感じた人が多かったのでは

ないかと思います。これは、金銭的成就に関するメソッドの中で使う、受容度チェックのためのリストの一部です。

受容度が低い場合は、Aはよい感じがするけど、Bには抵抗があるといいます。Aは、直接的な印象を受ける言葉であるうえ、「欲しい」「好き」といった意志表示がされています。

一方、Bは、ややあいまいでソフト、間接的な印象であるうえ、「よいこと」「素晴らしいこと」と、あらかじめよい定義づけがなされていますね。

つまり、お金に関して、「汚い・いけない・醜い」などマイナス定義があったり、お金への効力感に不足を感じていたりすると、「欲しい」「好き」と言い切ることに恐れや抵抗、罪悪感を抱いてしまうわけです。

けれども、Bのように、ソフトな用語で、さらに「よいこと」「素晴らしいこと」とされると、安心して同意できるので、快さや希望を感じることができます。

受容度が低かった人は、堂々と欲することが必要で、そのために定義をプラスに書き換えると願望を迎え入れるのに有効です。この段階も、かなり重要になります。

マイナス定義をプラス定義に書き換えていきます

アファメーションで、お金に関するマイナス定義をプラスに変え、お金への受容度を高め、現実的にもお金を快く受け取ることのできる自分になっていきましょう。

●「豊かになることは、安全でよいことです。ありがとうございます」
●「お金を欲することは、健全なことです。ありがとうございます」
●「金銭的に安定した、恵まれた経済生活を望むことは、健全でよいことです」
●「私は、さらなる金銭を受け取ることを、心から望んでいます」
●「私は、お金が欲しいです。それは健全でよい欲求です」
●「私は、私が豊かになることを、私自身に許し、受け容れました。ありがとうございます。ありがとうございました」
●「私は、健全なお金を欲することを、自分自身に許し受け容れているところです。

ありがとうございます。ありがとうございました」

●「私は、私自身に金銭的発展がもたらされることを心から受け容れています」

●「私は、私が、リッチに恵まれた生活をすることを喜んで受け容れました」

●「私は、今、日に日に豊かになっているところです」

●「私は、お金のエネルギーを心から肯定し、豊かな生活に感謝しています」

後半は「ありがとうございました」を省きましたが、付け加えてください。**アファメーションは気分にとらわれず、ただ繰り返すことが大切です。また、どのようによいことか書き出してみれば旧いパターンを溶かす意味でさらに効果的です。**

さらに、応用するために、右線を引いておきましたので、右線部に「幸せになること」「愛されること」「綺麗になること」「結婚」「健康」などの言葉をあてはめ、必要なカテゴリーをプラス定義に変換させてください。また一時的なことに勇気が必要なときなどにも、応用することができます（「正直に伝えることは」など）。

月に一度のひとりリフレッシュ時間の効果

好きな仕事についていても、愛する家族と生活していても、疲れやストレスをゼロに保つのは至難の業です。

また、家電製品などから発せられる電磁波などの影響で、心身がぴりぴりする感覚が知らぬ間に溜まっていることもあります。

お休みの日、日帰りでじゅうぶんですから、自然に触れる時間を設けてみましょう。レジャーというより、ただ、自然の環境に身を置きに行く、という感じです。

山の森林や川辺や海辺で、空を見上げて深呼吸。

聞こえる自然な音に耳を澄まして深呼吸。

心がしーんと、静まり整っていくのを感じるひととき、癒しと瞑想を一緒に行うようなひとときをもつということですが、これは非常に大切なことです。

一緒に行く人がいても、現地でちょっと**ひとり深呼吸するひとときをもつと、心**

身がリセットされ、魂が洗われ、自分らしさを取り戻すことができます。

小さなお子さんがいらっしゃるママさんなどは、なかなかそういう時間はとれないかもしれませんが、ほんの数時間、図書館へ行くとか、お気に入りのカフェでたったひとりの時間をもってみると、どこかマンネリ化された日常は浄化され、家庭に戻ったとき、新鮮な空気を感じることができることと思います。

疲れやストレスを自覚している場合はもちろんですが、そこそこうまくいっていて満足という場合にこそ、そんな時間を定期的に設けることをお勧めします。

そうすると、不調と快調の波の水準が、ワンランク上がり、不調の手前で修正できる。したがっていつも豊かな心身の環境を維持することができます。

日常の環境から離れて、リフレッシュすることは、私たちが考える以上の効果をもたらしてくれるはずです。月一回、ひとりリフレッシュの時間をもつようにしてみましょう。

事例③

幸せなはずなのに、なぜかイラつく

ひとりで過ごすリフレッシュタイムを設ける、といってても案外むずかしいこともあるかもしれませんね。

ひとりになることに抵抗や制限がある人もいるでしょうし、なかなかその時間が取れないという人もいることでしょう。でも、私たちをアンハッピーにさせる感情って、コントロールしようとするばかりが対策ではないんです。

ある女性は結婚1年半で幸せなはずなのにどこか心がイラつくというので、よくお話を聴き一緒に検討したあと、独身時代に通っていたジムを復活しました。

「以前のように毎週通うことはできなくてもいいじゃない」ということで再開してみましたら、「スッキリ！ 生理前のイライラもなくなりました。やっぱり自分の時間や運動って大切なんですね」と目を輝かせていました。

別のある主婦は、ご主人のご両親と同居で義理の両親は支配的なところがあり、いつも気を遣っているとのことでした。そのことをご主人に相談しても取り合ってくれず、周期的にうつうつとする、ということで私のところへ相談に来ました。

「自分の時間などまったくといっていいほどない。」とのことでしたが、うつうつするその周期がほぼ一ヵ月くらいとわかったので、月に一度は友人とのランチやふらっと出かける森林浴や映画鑑賞の時間を設けてみることにしました。はじめは「でも、なんといって出かければよいでしょう」と心配していましたが、私はなにも言わずに出かければよい、聞かれたら、「子どもの用事で」と言えばよい、と伝え、実行してもらいました。すると、義理の両親のきつい言葉などへの過敏性が軽減され、とても生き生きし、周期的なうつうつはなくなりました。

こんなふうに真っ向から感情や相手の態度に対処しようとすること以外に、「自分を逃す」意味でのリフレッシュタイムは、心の環境整備になるものです。

キャンドルライトのバスタイム瞑想術

瞑想（メディテーション）がよいということで、取り入れたいと考えている人も少なくないのではないでしょうか。

瞑想して思考や心が空っぽになると、「無」「空」になるので、潜在意識、潜在能力との風通しがよくなります。そこに人間本来の直感や聖なる力が通過するようになるので、ぜひ習慣にしたいところです。

けれども、忙しくて時間がとれないとか、やり方がいまひとつわからないという人も多いかもしれません。また、瞑想以前に心も身体もストレスでガチガチという人も多いかもしれません。キャンドルライトのバスタイムでリラックスすると、心身の癒しにもなり、ライト・メディテーション（軽瞑想）にもなりますので、とてもお勧めです。

方法は、キャンドルライトで入浴するだけですが、ポイントは以下のとおりです。

●バスルーム用にキャンドルをひとつ用意します。（背の高いものは避け、滑りにくいものや壊れにくいもの、重心の低いものを選びましょう）
●お湯の温度は、半身浴の温度に。（のぼせないで30分以上入っていられる程度）
●電気も換気扇も消し、キャンドルを灯します。
●バスタブにつかり、リラックスしながら、深呼吸します。（意識的に長く深い呼吸）
●時間はご都合に合わせてくださってOKですが、最低15分くらいは、ご自分の呼吸の音に耳を澄ます感覚で、リラクゼーションのひとときをもちましょう。

こうすることで、心が静かなところにおさまります。心が静けさを取り戻す感覚や意識がおさまるべきところにおさまった、という感覚を得ることができますから、生活に取り入れてみてください。

週一度はベスト、最低でも月一度、習慣にしたいところです。

悪い夢は、心の浄化。恐れなくて大丈夫

夢は、抑圧欲求や抑圧感情、未解決感情の解放のための精神作用ですから、悪夢を見たからといって不安がったり不吉に思ったりする必要はありません。

覚醒時、意識のある間には解放しきれないものを浄化してくれる、超自然な儀式のようなものですから、毒素が出て行ってくれてありがたいと考え、恐れないようにしましょう。

ある人が、似たような悪夢に悩まされているというので、私は、原型的なパターンを探るために、書きとめて次回報告してくれるよう伝えました。そうしたところ、「その晩からいっさい悪夢を見なくなった」と言うのです。

書くためにではありましたが、ご本人が、見てやろうという気持ちに変わったことで恐れが一転し、感情免疫力が高まった好例なのです。

このほか、攻撃的な夢や、パートナー以外の異性に甘えるような夢を見たとき、

罪悪感に駆られてしまうということもあるかと思います。そんなときも、抑圧されている何かが解放されたに違いない、と、閉じ込められていた欲求や衝動があったに違いない、それも自然と認めてしまうことです。目覚めの気分も断然よくなります。

また、夢見以前に、寝つきが悪いときなども、一日の疲れから心身がゆるむ就寝時に、後悔なり怒りなり、覚醒時の非意識の抑圧が煙のようにもやもやと解放されようとしている状態ですから、自然な感情や欲求を認めてしまいましょう。

押入れの奥の不要な荷物を、自動処理してくれる装置があったら、ありがたいことですよね。このとき、いったん目の前を通るだけ。悪い気持ちにならなくていいのです。むしろ、**睡眠時での自動解放作業に感謝し、また日常で常識的に生きるために、上手に抑制してくれている自分自身にも感謝したらよいのです。**

このようにして、日常での抑圧の種類やパターンを見いだすことができたら、さらに日常で小出しにする工夫をしたりすれば、夢を自分へのポジティヴなメッセージとして、味方につけることができるでしょう。

5章

これからは「ストレスゼロ」で生きる

――振り回されない、巻き込まれない自分へ

「したいから」「うれしいから」を基準に行動しましょう

「せっかくしてあげたのに」と、傷つく気持ちになることもあるのではないでしょうか。

けれども、「ストレス・ゼロのハッピー・パーソン！」を目指す私たちは、もう二度とそんな思いになることのないようにしましょう。

それは、簡単。

「喜び」を基準に行動するのです。

2章で、欲求不満について触れましたが、そのとき、ほんとうに親切心でしたことでも、あとで「でもお礼の一言もないなんて」などと思うのは、やはりそこに期待があったからと認めてしまいましょう。

「する」なら「したいから」。

「する」なぜなら、それが「喜びだから」。

これからは、そうあることにしましょう！

英語で「どういたしまして」は、〝You're welcome〟（ユア・ウェルカム）ですが、このほかに、より丁寧な紳士的な表現に〝It's my pleasure〟（イッツ・マイ・プレジャー）というのがあります。直訳すると「それは私の喜びです」。

この喜びの精神が、私たちの行動基準であることが絶えず確認できていれば、たとえお礼がなくても傷つくことはありません。それ以上に、「余計なこと」と言われても、「あら、だったらごめんなさいね。」と素直に言える自分でいられるでしょう。悶々と苦悩することがなくなるだけでなく、心の広い人格者でいられるような気さえしてきますね。

でも、きっと、そのとおりなのでしょう。私たちが、幸せになる、願いを叶える、ということと、人として成長することは、ワンセットなのだと思うからです。

心のブレーキをはずすと、疲れなくなります

喜びや可能性をどんどん広げていくために、ひとりの時間を利用して、さらに柔軟に自由になっていく習慣をつけていきましょう。

ひとりのとき、自由にやっていいときにも心のブレーキがなにかと理由づけし、「しないこと」にすることがあるものです。これからは、単純にフィーリングに従う練習をしてみましょう。理屈抜きで、好きなことや、今一番したいこと、ふとしたヒラメキに従うよう動くのです。


「ほんとにそれでいいなら、休日は昼からビール。でもひとりで」。

いいではありませんか。平日のがんばりにご褒美。メリハリがつくでしょう。

「前から興味があった習い事がある」。

善は急げ。さっそく体験入学を申し込みましょうよ。

「実は、もっとセクシーになりたくて。イメチェンしたい自分がいるかも」。素敵なことじゃありませんか。ウィンドウショッピングからはじめますか？「ふと気になる場所や光景が思い浮かぶ」。

それこそ、潜在意識からの呼びかけかも。ぜひ行ってみるといいですよ。

ひとりでいても、優雅なクラシック音楽をかけて、お客さま用の食器でお茶をしたくなる、なんてことがあるかもしれません。以前の習い事グッズを取り出して復習したい衝動に駆られるかもしれません。**フィーリングと行動が結びついてこそ「自由」なのです。**

心のブレーキがはずれてヒラメキや衝動などのフィーリングに対してより自由になると、素晴らしいことに、逆に忍耐や根気といったものが必要なとき、観念して向き合う潔さや強さができ、しかも不思議なことにあまり疲れなくなります。

オンとオフのメリハリができると、意外な才能が開花することもありますよ。

「押してもダメなら引いてみる」真逆のルール

感情免疫力がつき、自由な行動ができるようになると、自然と安心や自信がついてくるので、執着から解放されるようになります。

そうすると、「真逆のルール」を応用することができます。

客観性が高まると、「押してもダメなら引いてみる」ができるようになる。以前は、怖くて手離せないでいた考えやとらわれ、よいとされるやり方を一方的に押し通していたところが、**「待てよ、これ逆なんじゃないか」とコペルニクス的発想の転換を取り入れることができるようになるのです。**

簡単なところでは、「失敗することを恐れてこんなに緊張するなら、失敗してしまえ！」「こんなに苦痛なら、いっそ断って、やめちゃおう」。この気持ちをもてたことで、実際にやめる必要もなく、むしろ、あんなにうまくいかなかったことが、うまくいく。

絶対に非を認めない、謝らない相手を変えようと躍起になっていたところ、「待てよ」と真逆のルールで、こちらにこそ非があることを認め、謙虚に接してみたら、鏡のように相手も素直になってくれる。

苦痛で仕方なく、どうしたら逃れられるかと悩んでいた人や事柄について、どれだけ感謝できるか書き出してみたら、にわかに環境が変わる、あるいは特定の関係からの卒業が訪れるということがあります。

こんな真逆のルールを取り入れられるところまでくることができたのも、自分自身の自然な姿や心に共感するなど、1章、2章で積み重ねてきた訓練や習慣づけの賜物《たまもの》です。

「真逆のルール」という発想で、「逆に押しすぎてうまくいかなかったんじゃないか」という部分がないかどうか、一度ゆっくり考えてみましょう（さらに興味のある方は『しあわせは、真逆のルールでやってくる。』（サンクチュアリ出版社）もご参照ください）。

信じてきたものから方向転換すべきときがあります

マラソンに折り返し地点があるように、人生にも折り返しがあるのではないかと思うんですね。

なぜなら、人生での悩みというのは、成長のための課題だと思うのですが、なぜかどうも困っていることに限って、逆方向への圧力や促しを感じられずにいられないからです。**つまり、「よい」と教えられてきたことや信じてきたこと、守り続けてきたことを、「疑ってみよ」「逆を取り入れてみよ」と示唆されるような促しがあるかと思うのです。**

それは、自分自身が信じてきたものを崩すようなことになるかもしれませんが、実はそれこそが、とても大切なのではないかと私は考えているのです。

なぜなら、自分を中心にして「よい」としてきた一方向へ膨らむなら、それは半円です。**半円はどんなに大きく広がっても半円のまま。あえて、逆方向のものを認**

める、取り入れる、進んでみることで、自分を中心に前方にのみ膨らんでいた半円は、自分の後ろ側へも膨らみ、円になる。月にたとえるなら、半月が満ちて満月になる。

それが、「無限の可能性」ということなのではないかと、私は考えるのです。

感情免疫力の強化で、自分自身を受け容れてきました。

ぜったいに受け容れられないと思えていた自分自身や人や出来事のあるがままを、受け容れることができるようになりつつあります。

もしも、今、あなたの信念に反しているにもかかわらず、「どうも首根っこをつかまれて逃れられそうもない」という環境や関係があるようでしたら、善悪や常識性というものを一度はずしてしまいませんか。

逃げ切る方向ではなく、「いらっしゃ～い！」と迎え入れる。こちらから、「お邪魔します！」と足を踏み入れてみませんか。

人生が、ガラリと好転するかもしれませんよ。

「ゆるすこと」は「ゆるされること」

他者への批判が強い場合に、真逆のルールを取り入れてみるなら、「自分の中にもほんとうはそうしたいという欲求」や、「自分にもそうなりうる要素」がある証拠なのだ、と、認めてしまうことです。いずれにしても、人のココロというのは、自分に関係のないものには反応しないものだからです。好意的なものか、嫌悪的なものかのどちらかに反応するようにできているからです。

あるいは、以前の自分を見ているようで歯がゆいとか、見苦しいという場合、まだ過去の自分をゆるしきれていないという場合があり、いずれも感情免疫力と関係を指摘することができます。

「批判する自分がいるということは、欲求や同じ要素が私の中にもあるから」。方程式的にすんなり認めることができると、心はすっとらくになるはずです。

また、ほんとうに聞き苦しいということ、たとえば感情的に苦言をぶつけられるというようなときは、批判もありますが、耐え難い気持ちにもなるものです。が、そんなときこそ、感情免疫力アップのレッスンの場とさせていただきましょう。

相手の感情に巻き込まれることなく、自分への非難や要求と受け取るのでもなく、「今この人は、自分の気持ちを解放せずにいられないんだな」として、止めるほうへ力を加えるのではなく、共感。「そうだよね〜」「その通りかもしれないね」と。

自分に向けられていて、「相手にだって非があるのに」というとき、無条件の愛をもって、「そうだったのね。ごめんなさいね」と、言えるようになったら、これは素晴らしい。かなり高度と言えますが、自分にとって、受け容れがたかったことを受け容れ、ありえなかったことができるようになると、予想外の方向から幸運が訪れるようになります。それが無限の可能性ということです。

私たちの現実は、すべて私たちの幸せや成長のためにパーフェクトなタイミングでパーフェクトな形で、メッセージを与え続けてくれています。

ゆるすことは、ゆるされること。
すべてはうまくいっています。

いつもより、三倍ゆっくりていねいに

感情免疫力をさらに高め、欲しい現実を確実に獲得できる自分になるために、普段の「三倍ゆっくり丁寧に」を心がけてみてください。

三歳くらいの子どもは、ボタンかけするにもコップに飲み物を注ぐにも、一心に全神経を集中させて行いますよね。それに比べて、大人になった私たちは、手元など見なくてもできることが、たくさんありますよね。

けれども、それだけに、ちょっと手元がくるって物を落してしまったり、フタと本体がうまくかみ合わなかったりするとき、ちっと舌打ちしたりイライラしたりすることがありませんか。

これらは、とても小さなことかもしれませんが、注意を欠いて行った結果であることは確かであり、こんな小さな舌打ちが、イライラや自責傾向への逆戻りのもとになってしまうことがあります。

それなので、していることに注意を向けて、指先に意識をもって、「三倍ゆっくり丁寧に」今していることを確実に行う練習をしてみましょう。お化粧しているときや、洗い物をしているとき、衣服をたたむときなどに練習するとよいでしょう。

同時に、物音を極力立てないようにしてみましょう。

「今、ここ」でしていることを、大切に確実に行えば、不要なネガティヴ思考が芽生えるのを防ぐことにもなるので、そのあとの結果も当然それに見合ったものが生まれます。

「今、ここ」は、次なる結果の原因であるのだ、という意識をもって大切に丁寧に、きれいな指先でものごとを行うようにします。そうすれば、心が整い、気持ちも安定してきます。気持ちが不安定だと身体の動きも乱れます。それを逆利用する。丁寧で落ち着いた動きによって、心を安静に整えるのです。

このあり方が、人生に対するあり方へと、一事が万事広がって形成されていきます。「すべては偶然ではない」「波動がすべてを創りだす」からです。

自分のサポート役になる習慣で、安心を得られます

さらにステップアップし、「サポーター役」の習慣づけをしていきましょう。

ここまでのレッスンで、たとえば焦りはじめやイライラのなりはじめに気づき、共感し、言葉がけなどで、気持ちの立て直しができるようになりましたよね。

今度はそこで、「まだ時間はあるからだいじょうぶ」「慌てずに、ゆっくりやったらいいよ」などと言葉がけをし、自分のサポート役として寄り添ってあげるようにしていきます。

たとえば、集中したいとき、気になることで持続力が欠けているようなとき、「気になるけど、今はこっちを先にやっちゃおうか」とか「そんなに気になるなら、電話で確かめてみる?」というふうに話しかけるようにして、サポート役に立ち回ります。

こうすることで、気持ちを優先すべきか、目的行動を優先すべきか、今必要なこ

とを提案できるようになります。

「こだわり過ぎて進んでないね。ここはアバウトに流れだけ作ろうか」

「このへんで一度休憩。ちょっと息抜きしよう」

失敗を責められることは多かったけれど、このように自分を理解し寄り添ってもらったことはない人の場合、安心して成功した経験も少ないはずです。

《苦痛》と《成功》がワンセットだと、潜在意識は苦痛を回避しようとするので、そのぶん成功も遠ざかってしまうと考えられます。

自分への愛情と根気をもって、安心すればするほど成功するという体験を自分にたっぷり与え、《安心・喜び》と《成功》がワンセットとなるようサポートしていきましょう。

こうして根気を養うことは苦手克服であり、目標達成や願望成就にも大いに役立ちます。

《自分を愛すること》と《願いが叶うこと》をワンセットにしていきましょう。

努力もがんばりも、自分への最高のプレゼント

目標達成のために、努力する、精一杯やる、すなわちがんばるということは、もちろん喜びであります。

《努力は嫌々、無理矢理させられるもの》との定義が心にあると、「努力」や「がんばる」という言葉に拒絶反応を示してしまうものです。自分への絶対的な愛情で、「そんなに苦しければ、いつやめてもいいんだよ」というやさしさや安心がなければ、「努力」や「がんばる」という言葉にアレルギー反応を示してしまうのも理解できます。

これらの原因が、評価されず強いられた経験などトラウマから来ているということも述べてきました（トラウマに関しては、『トラウマ・セラピー　幸せの法則』（青春文庫）に詳しく書いてありますので、必要と思われる方はご一読ください）。

お出かけするのに、乗り物に乗って到着するのは、努力やがんばりでしょうか？

そんなことはありませんよね。

時には、ちょっぴり面倒と感じることはあっても、移動時間も楽しいお出かけに向けての、プロセス。楽しい場所へ到達するために費やすエネルギーですよね。

また、正しい道を通っていかなければ、目的地へは到着しませんよね。

ですから、やはり、正しいやり方や、目標達成のためのプロセスは、当然、必要なエネルギーということ。それが努力やがんばりです。

その結果、願望成就があるのですから、努力やがんばりは、大いに喜ばしいプロセスなのですね。

ただ、これまで述べてきましたように、自分へのやさしさや理解をもって、時にはだましだまし、決して無理させないというのは大前提。

人生は喜び。すべては喜び。あなたは限りなく自由。

あなた自身のヴィジョン達成へのプロセスは喜び。

努力やがんばりは、自分に与える喜びに他ならないのです。

何より心地よくいるために、時八分目を意識する

序章で、私は、感情免疫力を高めることを通して、自己実現の力、願望成就の力を高めることが本来の目的であると述べました。

自分自身を理解し、自分自身を愛し、自分自身のサポーターになることができるようになると、より自由に人生をコントロールできるようになります。

なぜなら、**時をコントロールすることのできる自由意志の力が強まると、ほんとうにしたいこと、すべきことに費やすエネルギーを創りだせる。すなわち、思い通りの人生を創りだすことができるようになる**からです。

そこで、「時八分目」を意識してみることにしましょう。

●きりのよいところまでやっちゃおう、との思いで、時間ぎりぎりまで使ってしまっていませんか。

●早く帰ろうと決めていても、つい楽しいからとか、みんなが帰らないから帰りづらいという理由で、長居していることはありませんか。

これらが決して悪いといっているのではありません。ただ、ダイエットのためには腹八分目が効果的であるのと同じ。ほんとうはしたいことがある、達成したい目標があるという場合は、こんなときこそ、意思と行動をつなげるのは自分の仕事だということをしっかり覚えておきましょう。

きりのよいところまで作業をするのは勤勉で悪いことではありませんが、きりをつけないときりがない、ということもあります。楽しかったからいいや、みんなも帰らなかったからいいや、としてしまうと、そのぶん自分の時間が削られ、本来の目標からズレた時間の使い方をすることになってしまうのも当然です。

いずれにしても、現代社会に生きる私たちは絶えず忙しく、楽しいことも盛りだくさん。「時八分目」くらいでちょうどいいはずの人も多いことと思います。「一日一生」とも言われます。自分はどうなりたいのか、今日したいこと、すべきことは何か決めておき、自分の大切な時間の確保をするよう行動しましょう。

ハッピーな言葉が、みるみるハッピーな現実を創り出す

ハッピーでやさしくて前向きな人といると、こちらもそんな自分になることができますよね。でも、それがある意味、「人次第」。

ストレスゼロを目指して、いつもハッピーに生きる。あらゆる関係や現実を楽しむ。そう決めた私たちは、もう「受け身」でいることはやめたのです。

ですから、これからは、周りの人をハッピーな人にさせてしまうくらい、主体的に喜ばしい現実を創っていく人になることを目指しましょう。

それにはどうしたらいいか。それはシンプル。言葉を変えていくのです。

●「最高幸せ、ありがたい」

●「ここまで、すべてがパーフェクト」

●「あなたといると、とってもラッキー！」

●「ふたりでやると、なんでもスムーズ。うまくいく!」
●「あなたのおかげ。ありがとう!」

こんな言葉が、周りの人に影響を与え、ハッピーを引き出すことができるようになります。

お友達が案内してくれたレストランで長く待たされたとき、お友達も心の中でちょっぴり罪悪感を感じているかもしれません。でも、そんなことより、楽しかった部分を言葉に出してくれたら、彼女は安心するうえ、ハッピーになるでしょう。

彼氏や夫などの場合は、「オレのおかげだろ、感謝しろ」というようなことを言ってくるかもしれませんが、「ほんとにその通り!」と言っておけばよろしい。続けていると、あら不思議、そんなこと絶対口にしなかった彼が、「ああ、幸せ。感謝」なんて言うようになっているはず。

これが、主体的にハッピネスを創りだす人の、《想》と《行》のパワーなのです。言葉で、運命さえ塗り替えていけるかもしれませんよ。

どんな「今」でも「今」がパーフェクトな環境です！

長年会っていなかった知人が、すごく怒りっぽくなっているのに驚いたことがあります。その一方、別の知人は、とても温和でやさしい女性になっていて驚いたこともあります。

私なりに検証してみたところ、前者の怒りっぽくなっていた人は、結婚した相手がおとなしくて「いいご主人」と評判だったのに対して、後者の温和になっていた人のほうは、ご主人のご両親と同居のうえ、ご主人が短気で細かい人だったので、友達の間では「ちょっとかわいそうね」などと噂されていたのです。

前者のご主人は彼女がグチっぽくなっても、「まあまあ」と静める程度。意見しても彼女がそれ以上に言い返すので言わなくなったとのことでした。ところが、後者のご主人は、「当たり前のことで文句言うな！」というタイプの人だそうで、彼女は「今ではそんな主人に感謝してるのよ」と言うのです。

つまり、長年甘やかされていた人は、グチや不満も言いたい放題で、口を開けば文句という習慣がついていたのに比べて、気遣いをしなければならなかった人のほうが、柔和で寛大な女性に成長していたのです。

文句を言ったり怒ったりしているときは、顔のシワは縦ジワが増えるそうで、長年の表情筋の習慣から表情も険しくなります。逆に、穏やかにいつも微笑んでいる人は、横シワが多く表情もやさしく幸福なものになります。

ふたりとも、つかずはなれずの長年の知人ですが、月日に刻まれた表情や雰囲気の違いに、私は恐ろしいものさえ感じたのでした。逆にいえば、月日というものの可能性に偉大なものを感じたということになります。

現在、「私がどうしてこんな目に遭わなくてはならないの」と思っている人には、これこそ、**「私が幸せになるために与えられているパーフェクトな環境なのに違いない」**ととらえ、ご自分を磨き上げていただきたいと願います。

論駁法でさらにパワーアップした自分に出会う

いっそのこと離婚したほうが、と、悩んでいる女性のなかには、相手の逆ギレが怖くて言いたいことをいつも我慢してきたという人が多いです。が、そういう人に限って、別れてからのことを考えるとやはり自信がない、という理由で、離婚に踏み切れないケースが多いです。

つまり、離婚後の苦労を覚悟できれば、相手の機嫌など恐れず言いたいことを伝えられる強い心になれるということであり、逆に、摩擦や騒動も恐れず、はっきり言えるほど強い自分になれれば、離婚後について不安など抱かない自分になれる、ということになります（転職なども同じです）。

相手のことは変えられないだから、自分が変わる、というとき、「ひるまずハッキリ言える自分に変わること」が課題となる人は、やはり感情免疫力の低い人が多いものです。

そのような強さを手に入れるために「論駁《ろんばく》法」を試してみましょう。論駁とは、相手の意見や言い分に対抗する理論を強く伝える。いわば、反撃論法です。

●たとえば、相手に改めてほしいことがあるなら、「どのような理由でこちらの言い分が正しいか。どのように改めてほしいのか。それによって何がどう改善されるか」などについて、理論を通すのです。

●そのために、書き出してみると整理がつきます。必要なら何度でも書き直して。

●書き出したら、実際に声に出して、何度かリハーサルしましょう。相手が逆ギレ気味になることが予想されるなら、それもイメージして、冷静に堂々と論駁するよう練習しておきます。

ここまでで、「誰にも私を不快にさせる力はない」「私は幸せになる権利と自由がある」という信念が固まったことでしょうから、**これだけは譲れないとか、これは相手が間違っているということがあるなら、あなた自身のためにも、パートナーシップの成長のためにも、断固伝える力をみずから養いましょう。**

気になる相手のことを直そうとは思わないこと

起こしたい現実をすぐに手に入れるためには、行動主義でいきましょう。

「あの人ったら、どうしてあんなに気が利かないのかしら」

「あなたの短気、いつも直してといっているのに、すぐそうやって怒るんだから」

こんな表現になってしまうのは、観念的に相手のあり方をどうにかしようとしているからです。そうではなく、その都度してほしいこと、してほしくないことを確実に手に入れていくことを考えていきます。

気が利かない人に対しては、「これしてもらっていい？」と、そのとき手に入れたい行動を促すように。

いつも短気で早とちりして怒り出す人が目の前にいるなら、「ちょっと私の理由も話していいかな」というふうに。

みんなデコボコした、個性のかたまりです。

「何度言っても直らない」のならば、直そうとはしないで観念しちゃう。ただ、その時々してほしいことをリクエストする。そうすれば、とりあえず、目の前で起こってほしくないことは消去でき、起こってほしいことを起こすことはできます。その力が私たち自身にあるのですから、それを使っていくことにするのです。

グチや悪口ばかり、と思ったら「楽しい話をしましょうよ」「いい話も聞かせてほしいな」。

短気な彼に対しては、「もう少し時間かかるから、ここに座って待っててくれる？」。

必ず確認ミスする部下がいるなら、直前にもう一度確認する指示を出すなどして、自分自身が不快な気持ちで「やっぱりね」とならないように、管理も仕事のうちに入れちゃう。

このようにして、**相手の根本をどうやって直すかではなく、そのとき何を手に入れたいかと考え、動くよう心がけましょう。**こうすることで**人への批判から自分が苦しむこともなくなるうえ、願望成就の力も鍛えられるのです。**

気分中心から目的中心へ方向転換しましょう

気持ちを中心にしていると、感情へのとらわれが強くなってしまいます。感情免疫力が高まり、自然な感情を受け容れられるようになると、自他の感情に動揺することも減り、不快な気持ちも保留にでき、しのぐことができるようになってきます。

ここまできたら、今度は徐々に感情中心から目的中心へと移行していきましょう。たとえば、今の目的が資格試験に合格することだとします。そのためにすることは当然、試験勉強となります。ところが、別のことで後悔の念や罪悪感が気になって仕方がない。ここで、「集中するためにはこの気持ちをなんとかしなきゃ」と、気分にとらわれてしまうことが「気分中心」にあたります。これまでは、そのようなとき、気になる相手にメールしてみたり、気晴らししてみたりしているうちに時間がたってしまうということがあったのではないでしょうか。

これからは、「確かに気になるよね」としながらも、「今すべきことは?」と自問して、目的行動をするように仕向けていきます。これが「目的中心」への移行です。「でも」という気持ちが芽生えても、それは雑草と思うことにして眼を向けない。

足元の雑草をすべて刈り取ってから登山することなど無理ですよね。仮にそれをしても、最後の雑草を刈り取ったころ、はじめに刈った雑草がまた生えてきます。それに、秋になったら枯れるのが雑草。気分も続きはしないのです。

雑草に気をとられず、山頂を目指し、歩く。だから、気分中心になりかける自分がいることに気づいたら、「雑草、雑草」と言い聞かせるようにしましょう。

「で、何を目指してる? そのために今すべきことをしよう!」と方向転換です。

日常での会話でも、不具合について正確に語る習慣があったら、そこはあえて不問とする。問わないことにする。言いっこナシとして言葉にしないよう訓練するとよいでしょう。

こうして、目的中心へとみずからを突入させていくのです。やったぶんだけ、達成感を得ることになります。その積み重ねが自信になるのです。

終章

感情免疫力が高まると、すべては解決する！

残念無念がひとつもない人生は幸せですか？

生活していれば、残念でならない、ということもあります。

なんともがっかり！　ということだって、もちろんあるはずです。

そんなときは、思い切り、「残念無念」を味わってしまいましょう。

残念な出来事がまったくない人生が幸せな人生ではありません。

期待はずれでがっかりということは、日常茶飯事。それを不幸であるとか、不運であるなどと思う心が、不幸なのです。

残念な気持ちもしっかり味わい、共感しましょう。

「それは自然」と、自分の味方になりましょう。

そして、心はどうしたら前向きにまた歩んでいくことができるかな、と考え、やさしいサポート役になってあげましょう。

ほんとうのプラス思考とは、マイナス感情さえしっかり受け容れられる肯定思考。

マイナス感情に怯えることのない心が、幸せを積み上げられるのです。

「気にすることない」と思っても、気になるときは…

残念無念と同じく、悔やんでも悔やみきれない、ああ、何であのとき！ というような後悔の念が出てきて仕方がないというときもあります。それも自然なこと。心がどっぷり後悔したいときは、恐れず思い切り後悔してしまいましょう。心が、そちらに向いてしまってどうしようもないときというのは、心はそれを通して癒されよう、解放されようとしているのに違いありません。

周りの人も、「気にすることないよ」と言ってくれ、自分でもそう思おうとしても、頭をもたげてくる後悔の念があるときには、「そうか、たっぷり後悔したいんだね。そこからスッキリ再スタートしたいんだね」と、その気持ちにつきあってあげましょう。

ここで、自然な感情を味わうことを恐れたり、間違ったプラス思考で一切のマイナス感情を無視するということのないように、自然な心を尊重し、自分を信じて、心のままにたっぷり後悔してみることにしましょう。

失敗や失態については、

「やってしまったのでございます」

「お恥ずかしい限りです」と。

いさぎよく認めるということになりそうですが、感情に共感し自分の心を抱きしめることのできる自分でいられるからこそ、いさぎよく認めることもできるものですし、そのプロセスが正しくなされるからこそ、プラス思考へ転向することもできるものなのだと思います。

「情けない」それも自然と抱きしめて

後悔や無念、情けない、という気持ちを認めることは、これまでは苦痛を伴ったかもしれません。けれども、1章でのベーシック・レッスンの通り、あらゆる感情を自然なものとして共感することで、認める力も高まってくるものです。

そうすると、人生で、嫌なことを恐れるがあまり、逃げ回る、という必要などないということがわかってくるのです。

これまで、嫌っていた、後悔、自責、無念、悲しみ、傷つき、情けなさなどのマイナス感情についても、

「そうだね、自然だよ」

と安心して味わう。

ただ、心はそのままそこにとどまりたいか、それが目指すところかといえば、そんなこともない。

だから、そこで今度は、

「いいんだよ」

「だいじょうぶ」

基本的な安心を与える意味で、

「あなたのせいじゃないよ」

そんな言葉がけで、心の向きをプラスに向けていくのです。

抜け落ち気味な、しかしとても自然で大切な「感情」が、出来事と結果の中間にあるのですね。これを機に、真ん中に位置する心をしっかり受け止めるプロセスを大切にしていきたいと思います。

マイナス思考からプラス思考へ方向転換

自然な気持ちが認められないと、心は認められるまで食い下がってくるものです。

こうして感情免疫力が高まり、自分の素直で自然な感情を無条件に認めることができると、いよいよスムーズに前向きに方向転換できるようになります。

これまでは、自分でも「どうして私はいつまでもこんなこと考えているの」と、マイナス思考に辟易《へきえき》としていたかもしれませんが、これからはもうだいじょうぶ。

《出来事》→《不快》→《自然として共感》→そのうえで《どうありたい？》→《プラス思考》という流れが習慣づくと、《受・想・行・識》の想の部分で、正しいプロセスをもってプラスへと転換することができるようになります。

そうすると、マイナス感情を受容する時間が徐々に短くなり、そのうちに、《出来事》→即《プラス思考》へと直結するルートができあがる。これがほんとうの意味でのプラス思考なのです。

そのときには、不快感情を感じ、認めるという時間が短縮できるようになりますし、また経験的な感覚から、「このままいくときりがない」というようなこともわかってきますので、「もういいよ」「こう考えればいいよ」と、強引にではなくやさしく手を引いてあげることができるようになるのです。

羨ましい！ を認めてハッピーを引き寄せよう

自分に欠けているものや、自分がほんとうは欲しているものをもっている人を見たら、それをエネルギーにして、自分にもハッピーを引き寄せられます。

自分の不足を嘆いたり恥じたりしていると、そして感情免疫力が低いと、自分より輝いている人や自分にないものをもっている人を見るのを辛いと感じてしまうことがあります。

それは、それとして自然でよいのです。

ただ、そのうえで、素直に羨ましいと思うことに心を開きましょう。

「今その人が目の前にいるということは、私にもその要素があるということ」。

だから、羨ましがること、私もそうなりたいと素直に欲すること、そうなったらどんなに嬉しいか、と素晴らしい気分に自分自身を導いてあげるようにしましょう。

心に正直に、もっと堂々としていよう

自分の心を大切にできるようになればなるほど、他者も自分の心を大切にしてくれるはず、という信念が強くなります。

私たち自身の心のあり方が、現実のすべてに投影されるからです。「一事が万事」の法則といえます。

自分の正直な心を尊重する気持ちが高まれば高まるほど、他者の正直な思いや発言に対しても、ありがたいと思えるようになります。しかし、すべてのことは経験とリンクして真の理解を得られるのと同じく、経験が大切になると思います。

これまでのレッスンを通して、ご自分の本心や気持ちを感じられるようになったことでしょうから、これからは、心に正直にあるように心がけましょう。

たとえば、こちらが以前興味を示したことで相手が誘ってくださった。けれども、実は興味がなくなったとか、別のことに忙しいので今しばらくお誘いに乗れそうも

ないというようなとき。そんなとき、つい「その日はこれこれで」などと断ってしまうことが多いのではないかと思います。これは、こちらが相手を思っての断り方でもあるのですが、次にこのような機会が訪れたとしたら、ぜひとも、自分に正直に伝えてみることにしていただきたいのです。

「私からお願いしておいて申し訳ないのだけど、今○○をはじめちゃって、しばらく行けそうもないの。余裕ができたとき、またお願いさせてもらっていいかしら」

「実は今、気持ちにも時間にも余裕がなくて、せっかく誘ってもらったんだけど、それに私が言ったこと覚えてくれていて嬉しいんだけど、しばらく無理かなって感じなのね。心苦しいんだけど……ごめんね」

確かに、言いにくいことかもしれません。けれども、自分自身の自然な気持ちを認め、大切にすることに、こうした日常で慣れていくということは、とても重要です。現実とは経験なのですから。

そして、また、逆のときにも、

「正直に言ってくれてありがとう。気にしていないから、いつでもまた連絡してね」

そんなふうに、伝えるようにしてみましょう。

ありのままの自分で、居心地よく幸せになっていい、自分への愛が高まれば、あなたの周りの人間関係も、理解と信頼、愛情に満ちたものへと進化していくはずです。

幸せに心を開くということ

自分自身のマイナス感情に、共感的、受容的でいると、他者のマイナス感情にも寛容になることができます。もちろん、感情免疫力が高まってきた証拠です。

自分自身の、がっかり感や後悔、自責といった感覚を受け止められるようになるので、以前は聞き苦しくて仕方なかった他者の苦言にも、心を痛めずつきあってあげられるようになったりするのです。

自分自身の「あるがまま」、ほんとうの姿、自然な心をやさしい愛で包み込めるようになることで、人様のマイナス感情や表現に対しても、逃げ腰になることなく包み込めるようになるのです。

これは、もちろん、人間としての器が広がることを意味しています。もうひとつ大きな人間に、愛ある存在に成長するということだと思います。

よく、「すべてに心を開いて」などといわれますが、心を開くとき訓練されているべき大切な要素というのが、感情免疫の力だと私は考えるのです。なぜなら、私たち自身が目の前のことがらから、受け取ること、なりうる感情に怯えていれば、心が閉じてしまうのも自然なことだからです。

その意味で、感情免疫力を高めることは、幸せに心を開くことに通ずるのだと、私は考えているのです。

人格すら高める感情免疫力

心をオープンに、相手の話などを聞こうしても、こちらが共感的に聞けば聞くほど相手の感情が流れ出てくることもあるかもしれません。

相手がどちらが悪いと言い切れないようなことで責めてくる雲行きになるとか、話題の中心とは思えない過去の出来事を持ち出してチクチク文句を言うような流れになったときは、心が閉じそうになるのを感じるかもしれません。

けれども、そんなときこそ「中間テスト?」と考え、深呼吸。そして、
「そんなに不快な思いにさせていたなら、謝るわ。ごめんなさいね」
「確かに間違っていたわ。ごめんなさい」
愛情をこめてそんなふうに伝えてみましょう。

愛がすべてを可能にします。

愛が、大切な人の心を癒すことができます。

また、ある人について、矛盾があるとか言ってることとやってることが違う、などと批判的になりそうになっても、私たちが自分自身の不快感情に気づき受容できるようになればなるほど、つまり、感情免疫力が高まり、自分自身への愛が広がれば広がるほど、「ままならないこともあるわよね」と、それも自然としてゆるし、見守る愛情も広がることと思います。

これらを、ただ、よいことだからせよ、とされるとむずかしいかもしれません。けれども、自分自身のマイナス感情にもじゅうぶん共感できる心が育つと、自分自身を丸ごと受け容れることとまったく同じように、相手を受け容れることもできる

ようになるはずです。言い換えれば、私たちは自分自身を受け容れ愛するようにしか、他者を受け容れ愛することはできない、ということだと思います。

大小の「中間テスト」や「お試し」といった、試練を通して、力がついていく。

それは、人として成長するということ。

人として成長すればするほど、願いは叶う、幸せになる。

だから成就と成長はワンセット。

だからこそ、感情免疫力を高めて、自分自身をたっぷり理解し、信頼し、愛することが人への信頼、生きる世界への信頼にもつながる大切なことだと私は思っているのです。

おわりに

この本を最後までお読みくださり、どうもありがとうございました。

「感情免疫力」という語は、私の造語ですが、この語も概念もこれまでの心理カウンセリングや心理セラピーの経験から、「結局のところ、どこをどう変えればいいか」というところを突き詰めていったときに、避けられないものなのではないか、ということで生まれたものです。

通常は、個人セッションといって、一対一でカウンセリングやセラピーを行いますので、感情免疫力の強化に関しても、ご本人の状況や知識など段階に応じてご指導させていただく形になります。その意味では、この本に書かれている内容は、少し幅が広いと感じられた方もいらっしゃるかもしれませんが、今回は、「感情免疫力」という考え方やその強化法についてご理解いただき、ベーシックなところから力をつけて日常生活に生かしていただくということに重点をおいてみました。

この一冊が、みなさまの変化・成長に、そして幸せな人生の成就に、少しでもお役に立つことができるなら幸いです。

リズ山崎

※本書は2010年4月に小社より刊行された『やっぱり、「自分が変わる」を選ばなきゃ！』を文庫化に際して加筆・修正し、新規原稿を加えて再編集したものです。

青春文庫

すべては感情《かんじょう》が解決《かいけつ》する！

振《ふ》り回《まわ》されない、巻《ま》き込《こ》まれない、心《こころ》の整理法《せいりほう》

2016年9月20日　第1刷

著　者　リズ山崎《やまざき》

発行者　小澤源太郎

責任編集　株式会社プライム涌光

発行所　株式会社青春出版社

〒162-0056　東京都新宿区若松町12-1

電話　03-3203-2850（編集部）

03-3207-1916（営業部）

振替番号　00190-7-98602

印刷／中央精版印刷

製本／フォーネット社

ISBN 978-4-413-09654-6